Jörg Zeyringer

Der Treppenläufer

Wie man sich und andere motiviert

orell füssli Verlag AG

Umschlagabbildung: gettyimages (Alistair Berg)
Umschlaggestaltung: cosmic Werbeagentur, Bern
Abbildungen Seite 23 – 25: Keystone, Zürich
Druck: fgb • freiburger graphische betriebe, Freiburg i. Brsg.
Printed in Germany

ISBN 3-280-05068-5

Bibliografische Information der Deutschen Bibliothek
Die Deutsche Bibliothek verzeichnet diese Publikation in der Deutschen Nationalbibliografie; detaillierte bibliografische Daten sind im Internet über http://dnb.ddb.de abrufbar.

Inhaltsverzeichnis

Teil I Was Sie über Motivation erfahren sollten 7

1. Die Geschichte vom Treppenläufer 8

2. Motivation beginnt im Kopf 15
2.1 Was steuert Ihr Verhalten – Wille oder Vorstellung? 19

3. Motivierte Menschen bewegen 34
3.1 Ein klares Ziel vor Augen haben – Der Anreiz 39
3.2 Einsatz und Erfolgswahrscheinlichkeit 43
3.3 Konsequent bei der Sache bleiben – Eine Frage der Motivationstendenz 49

4. Es tut sich was in uns – Der Motivationsprozess . . . 58
4.1 Ziele schaffen Erfolgserlebnisse 80

5. Was motiviert Menschen? 87
5.1 Der Gedankenfehler in der Bedürfnishierarchie 89
5.2 Visionen als Bilder der Selbstverwirklichung 101

Teil II Schaffen Sie die Voraussetzung für Ihren persönlichen Erfolg 107

6. Steuern Sie Ihr Selbstwertgefühl auf Erfolgskurs .. 108

7. Das Biermodell© – Eine neue Motivationsmethode 124
7.1 Umsetzung des Biermodells© 143

8. Der rote Faden Ihres Lebens 152
Übung 1: Die Hierarchie Ihrer Werte 155
Übung 2: Drei Grabreden 158
Übung 3: Erfolg garantiert 160
Übung 4: Zurück von der Zukunft 161
Übung 5: Mein roter Faden 164

9. Treffsicher Ziele finden 166
Erstes Werkzeug – Die Zielehierarchie 167
Zweites Werkzeug – Die zwei Dimensionen Ihrer Ziele 176
Drittes Werkzeug – Kann man im Leben alles erreichen? Ein Modell zur Vorbereitung und Analyse von Zielprozessen 179

10. Aktiv sein und durchstarten 185
Ihre Worte repräsentieren Ihre Bilder 185
So motivieren und begeistern Sie 190
Eine Methode, das Verhalten doch zu ändern 193

11. Der Treppenläufer 2 200

12. Literatur 203

Teil I

Was Sie über Motivation erfahren sollten

1. Die Geschichte vom Treppenläufer

Behandle Menschen so, wie sie sein könnten,
und du hilfst ihnen,
das zu werden, was sie sein können!

Johann Wolfgang von Goethe

Salzburg, Anfang der neunziger Jahre. Elisabethvorstadt, in der Nähe des Bahnhofes. Die Zentrale einer regionalen Bank. Ein großes Gebäude, in dem ungefähr 150 Menschen arbeiten. Drei Jahre lang war ich einer von ihnen, war verantwortlich für die Personalentwicklung des Institutes. Mein Büro, das ich mit einem, später mit zwei Kollegen teilte, lag im fünften und höchsten Stockwerk des Hauses. 99 Stufen vom Haupteingang entfernt. Freilich führte ein Fahrstuhl in die fünfte Etage. Und trotzdem: die ersten zwei Jahre ging ich meist zu Fuss. 99 Stufen. Oft lief ich, nahm zwei Stufen auf einmal, war schnell unterwegs; mit oder ohne Aktentasche. Ich war der Treppenläufer.

Viele Kollegen, auch Vorgesetzte, sprachen mich damals darauf an. Bald hatte ich den Ruf des Mitarbeiters, der viel Energie besitzt, der etwas weiterbringen möchte, der bestimmt *Karriere* machen werde. In dieser Zeit war ich sehr stark motiviert. Ich versuchte, meinen Job so gut zu machen, wie ich das nur konnte, war bereit, mich besonders einzusetzen, arbeitete an mehreren Projekten gleichzeitig mit, brachte Ideen ein und interessierte mich auch für andere Bereiche. Es lief einfach großartig. *Nichts und niemand kann mich aufhalten*, dachte ich und fand anderen Menschen gegenüber nur tolle Worte über meinen Job.

Mir schien nicht, dass ich damals meine Aufgaben irgendwie besonders ausführte. Es machte einfach Spaß, ich hatte enorme Freude an dieser Arbeit mit diesen Kollegen und diesen Vorgesetzten.

Zwei Jahre später. Inzwischen war ich befördert worden und hatte ein Büro für mich allein. Ein Büro, wie man es sich nach einer Beförderung vorstellt, in der zweiten Etage, also drei Stockwerke tiefer, nur noch 38 Stufen vom Haupteingang. Und trotzdem, irgendwann fiel mir auf, dass ich weniger oft zu Fuß hinaufstieg, immer öfter mit dem Fahrstuhl hochfuhr. Ich hatte nicht nur eine Gewohnheit verändert, sondern auch mich selbst. Diese Wandlung war ziemlich schnell erfolgt. Nun benutzte ich also den Fahrstuhl. Nach zwei, drei Monaten im zweiten Stock merkten das auch jene, die mich zuvor noch auf meine besondere Aktivität angesprochen hatten.

Nach kurzer Zeit fühlte ich mich demotiviert, obwohl ich doch die gleiche Tätigkeit ausführte. Ich hatte wenig Lust, an Projekten mitzuarbeiten; für andere Bereiche und Themen interessierte ich mich nicht mehr. Meine Energie war mir abhanden gekommen: Den Treppenläufer gab es nicht mehr.

In vielen Gesprächen brachte ich meine Unzufriedenheit zum Ausdruck. Ich gehörte nun zu jenen, die in ihrer Arbeit weder Herausforderung noch Spaß sehen, für die ihr Job eine Belastung darstellt – nach meiner Einschätzung geht es sehr vielen Menschen so. Insgesamt war ich knapp fünf Monate im zweiten Stock, dann verließ ich das Unternehmen und machte mich als Berater und Trainer selbstständig. Schon nach kurzer Zeit kam meine Energie zurück. Es waren zwar täglich nicht mehr die 99 Stufen zu bewältigen, aber bald hatte ich die Eigenschaften des Treppenläufers zurückgewonnen.

Erst Jahre später, als ich mich bereits eingehend mit dem Thema *Motivation* beschäftigte, begann ich aufzuarbeiten, was in mir vorgegangen und welche Auslöser dafür verantwortlich waren.

Die Auslöser waren zwei Menschen. Genauer gesagt, das völlig unterschiedliche Verhalten zweier verschiedener Persönlichkeiten und meine Reaktion darauf. Die Gegensätze zeigten sich in den Führungsstilen und den Arbeitsbedingungen, in den Gesprächen und Handlungen.

Die letzten fünf Monate in der Bank: Meiner Chefin war wichtig, dass in den Texten, die ich verfasste, die Beistriche richtig gesetzt waren. Dem Inhalt maß sie keine besondere Bedeutung bei. Personalentwicklung war ihrer Meinung nach für die Bank eigentlich nicht notwendig; das sagte sie mir immer wieder ziemlich deutlich und war auch nicht bereit, sich damit auseinander zu setzen. Sie wollte einen Mitarbeiter, der nach ihrer Pfeife tanzt und unkritisch jene Themen übernahm, die von ihr vorgegeben wurden. Ideen und Vorschläge waren nicht erwünscht. Versuchte ich doch einmal auszubrechen und einen neuen Weg zu gehen, bekam ich das gehörig zu spüren; auch vor anderen Mitarbeitern. Diese Frau demonstrierte im Umgang mit mir die Macht, die sie – nicht nur formal – besaß. Es gab niemanden im Unternehmen, der sich wirklich traute, ihr die Meinung zu sagen. Was auch immer ich tat, es war jedenfalls falsch. Sie agierte nach dem Motto, *egal, was du tust, dich haue ich in die Pfanne.*

Kennen Sie das Gefühl, das in einer derartigen Situation zwangsläufig entsteht? Richtig, es entsteht Angst. Viele Menschen in dieser Bank hatten Angst vor dieser Person. Das wusste ich zwar auch schon, bevor sie meine Chefin wurde, wollte es aber nicht glauben. Erst als ich ihr unmittelbarer Mitarbeiter wurde und dadurch täglich mit ihr zu tun hatte, verstand ich die Situation.

Allerdings begriff ich damals noch nicht richtig, dass es zu einem großen Teil auch an mir liegt, wie ich mit einem schwierigen Verhalten einer anderen Person umgehe, inwieweit ich es zulasse, dass andere mir meine Energie rauben. Heute weiß ich auch, dass diese, damals für mich sehr schmerzhafte Situation für meine Entwicklung sehr wichtig war. Das konnte ich damals freilich noch nicht erkennen.

Die ersten zwei Jahre in der Bank hingegen hatte mein damaliger Vorgesetzter einen Zustand in mir ausgelöst, den ich so empfunden hatte: Ich besitze Kompetenz, kann etwas und bin als Mensch in Ordnung. Sie kennen dieses Gefühl auch? Ist doch toll, oder? Dieser Chef hatte mir auch immer wieder den Eindruck vermittelt, dass meine Arbeit für die Bank wichtig sei. Er sprach viel mit mir, vertraute mir. Das heißt, er traute mir zu, schwierige und neue Aufgaben erfolgreich zu lösen.

Ich hatte die Möglichkeit, eigene Ideen und Gedanken einzubringen, mit ihm zu diskutieren, und vieles haben wir auch umgesetzt. Problematische Fälle, deren Lösung sich als besonders schwierig herausstellte, besprachen wir oft, so dass ich sie dann angehen und meist auch lösen konnte. Wir unterhielten uns damals auch immer wieder über persönliche Fragen; solche, die mich und solche, die ihn betrafen. Nach einiger Zeit wussten wir viel voneinander und konnten gut aufeinander eingehen. Dieser Manager ist heute noch einer jener Menschen in dieser Bank, die hauptverantwortlich für den besonderen Erfolg dieses Unternehmens sind. Er hat *Karriere* gemacht und ist mittlerweile in den Vorstand berufen worden.

Diese unterschiedlichen Situationen, bewirkt durch das Verhalten von zwei verschiedenen Führungskräften, waren also die Auslöser, die in mir derartig unterschiedliche Reaktionen hervorriefen. Die besondere Art meines ersten Chefs, sein Eingehen auf mich und meine Eigenheiten, motivierte mich damals besonders, und daraus habe ich mir meine Arbeitslust geholt – jene Freude, die ich heute so oft empfinde, wenn ich in einem Projekt oder Seminar mit Menschen arbeite, die für neue Erkenntnisse und Erfahrungen aufgeschlossen und auch bereit sind, etwas an ihrem Verhalten zu ändern. Damals habe ich einen meiner wichtigsten Grundsätze für mich geprägt:

Wenn ich höchst motiviert tätig sein möchte, dann müssen die Leistungen, die ich erbringe, auch ein ausreichendes Maß an Spaß mit sich bringen!

Als ich mir das überlegte, stieß ich auf ein theoretisches Problem: In vielen Motivationsbüchern las ich immer wieder, dass eine Führungskraft einen Mitarbeiter nicht motivieren könne. Viele Autoren vertreten die Ansicht, motivieren könne sich jeder nur selber. Diese Ansicht löste eine kognitive Dissonanz in mir aus, die mir keine Ruhe ließ. Heute weiß ich, dass diese Autoren Unrecht haben. Ich verstehe aber jene Vorgesetzten, die diesen Ansatz gerne glauben, entbindet er sie doch von einer elementaren Aufgabe. Tatsächlich aber ist die Frage, ob eine Person eine andere motivieren kann, falsch gestellt.

Paul Watzlawik, der große österreichische Psychologe und Kommunikationswissenschafter, stellte Ende der Sechzigerjahre eine der wichtigsten Grundannahmen der Kommunikationswissenschaft auf: *Man kann sich nicht nicht verhalten!* Das Verhalten einer Person hat immer Wirkung, löst immer bestimmte Zustände bei anderen Personen aus. Damit ist nicht gemeint, dass es ausschließlich von anderen Personen abhängt, wie wir uns fühlen; aber die Menschen in unserer Umgebung spielen für unsere inneren Zustände doch eine sehr bedeutende Rolle. Es geht immer um Aktion und Reaktion, wir können unser Verhalten immer nur im Kontext einer bestimmten Situation erklären. Es waren bestimmte Zustände, aus denen ich mir meine Motivation geholt habe, die Treppen, 99 Stufen hochzulaufen! Und es waren auch bestimmte Zustände, die mich veranlassten, sogar in den zweiten Stock den Lift zu nehmen.

Damit Sie wirklich hoch motiviert sind und über einen längeren Zeitraum Spitzenleistungen erbringen können, benötigen Sie entsprechende innere Dispositionen, die zum einen durch Sie selbst erzeugt werden können, zum anderen auch von anderen Personen und Ereignissen bestimmt werden.

Heute versuche ich, in meinen Seminaren und Vorträgen viele Erkenntnisse, die ich im Laufe der Zeit gewonnen habe, weiterzugeben. Dabei geht es immer wieder um die gleichen Fragen: Wie motiviere ich mich und andere zu Höchstleistungen? Wie schaffe ich es für mich und die Menschen, die mich umgeben, erfolgreicher und zufriedener zu sein? Wie realisiere ich etwas, von dem ich schon lange träume?

In diesem Buch möchte ich Ihnen Antworten auf diese für Ihr Leben so entscheidenden Fragen anbieten. Egal, ob Sie diese Ideen als Führungskraft für Ihr Team umsetzen oder sich selbst einen großen Schritt weiterbringen wollen. Wenn Sie sich mit den hier besprochenen Fragen, Beobachtungen und Erklärungen auseinander setzen, werden Sie vielleicht Veränderungen in Ihren Vorgangs- und Denkweisen feststellen können. Sie werden Lust darauf bekommen, etwas zu tun, das Sie schon lange tun wollten, wovon Sie möglicherweise schon seit

Jahren träumen. Sie werden sich vielleicht auch fragen, warum Sie diese Dinge nicht schon früher angegangen sind. Und Sie könnten immer wieder, in gewissen Situationen an den Inhalt dieses Buches denken – zum Beispiel dann, wenn Sie in einem großen, hohen Gebäude vor der Wahl stehen, den Lift oder die Treppen nach oben zu nehmen. Möglicherweise werden Sie auch bemerken, dass sich etwas in Ihnen verändert hat: Sie werden nicht allzu lange über die Entscheidung nachdenken, sondern einfach den ersten Schritt auf die erste Stufe setzen und die Treppen hochlaufen! Und Sie könnten ja bei drei bis fünf Stockwerken immer öfter zu Fuß gehen!

Sie könnten auch in Ihrem Alltag erfahren, dass sich etwas in Ihnen verändert hat. Sie könnten nicht nur erfolgreicher, sondern auch mit sich selbst zufriedener und ausgeglichener sein – weil Sie den einen oder anderen Gedanken dieses Buches umsetzen und einfach den Fuß auf die erste Stufe setzen und losmarschieren, 99 Stufen, fünf Stockwerke und noch viel weiter …

2. Motivation beginnt im Kopf

Die wahren Abenteuer sind im Kopf,
und sind sie nicht in deinem Kopf,
dann sind sie nirgendwo …

André Heller

Hohe Motivation zieht meist Erfolg nach sich. Was aber ist Erfolg? Dieser Begriff lässt sich nicht eindeutig und eindimensional darstellen. Erfolg hat viele Ebenen. Ich sehe Erfolg als individuelle Wertung, die im sozialen Vergleich vorgenommen wird und Teil unseres gesellschaftlichen Wettbewerbs ist. Soziale und ökonomische Faktoren bilden meist Kategorien, in denen Erfolg ausgedrückt wird. Erfolg kann sich auch sehr unterschiedlich zeigen, dann nämlich, wenn der Erfolg des einen zugleich der Misserfolg des anderen ist, wie beispielsweise bei Beförderungen oder bei sportlichen Wettkämpfen.

Spencer Johnson stellt Erfolg in seinem großartigen Buch *Die Mäusestrategie* mit einer Metapher dar: Käse. Davon gibt es so viele verschiedene Sorten mit den unterschiedlichsten Geschmacksrichtungen. Die einen bevorzugen harten, die anderen weichen Käse, die einen haben lieber runden, die anderen doch eher eckigen Käse.

Jeder von uns sucht sich genau den Käse, der ihm am besten schmeckt. Sehr ähnlich verhält es sich bei der Suche nach Erfolg. Für jeden von uns bedeutet Erfolg unter Umständen etwas anderes. Trotzdem definiere ich Erfolg anhand einer übergeordneten Kategorie. Ich sehe Erfolg als die individuelle Leistung, genau das zu realisieren, was zuvor als Absicht geplant war. Wenn Sie das umsetzen, was Sie sich vorgenommen haben, dann werden Sie ein Erfolgserlebnis genießen. Scheitern Sie, spüren Sie Misserfolg.

Es ist eine sehr häufig gestellte Frage, was erfolgreiche Menschen anders machen als weniger erfolgreiche. Kommen die einen mit anderen Voraussetzungen auf die Welt, wird Erfolg bzw. Erfolglosigkeit schon in den Genen geregelt? Arbeiten die einen ganz einfach mehr als die anderen? Haben die einen andauernd Glück, die anderen hingegen immerzu Pech? Was ist es, das Erfolg ausmacht?

Es sind in erster Linie zwei Faktoren:

Zum einen ist es der unbedingte Wille, ein bestimmtes Vorhaben zu verwirklichen, ein besonderes Ziel zu erreichen oder einen oft geträumten Traum wahr werden zu lassen. *Der Wille versetzt Berge; Wo ein Wille, da ein Weg; Er hat einen eisernen Willen.* Der Volksmund weist auf die besondere Bedeutung dieser Charaktereigenschaft hin. Sehr erfolgreiche Menschen verfolgen ihre Ziele hartnäckiger und sind dabei konsequenter als andere. Und sie arbeiten härter als weniger erfolgreiche Personen. Sie nutzen das Prinzip der *Kritischen Masse*, das heißt sie verändern nach jedem Scheitern ihre Strategie und versuchen es von neuem, und zwar so lange, bis es klappt. Dahinter steckt der Gedanke, dass Erfolg auch eine Frage der richtigen Strategie und der Anzahl der unternommenen Versuche ist. Wenig erfolgreiche Menschen geben schneller auf, sehen wenig Sinn und kaum Chancen in weiteren Versuchen. Wer einen starken Willen besitzt, weiß, dass in einem Boxkampf nicht der verliert, der zu Boden geht, sondern der, der liegen bleibt. Das bedeutet, dass der persönliche Einsatz, den man zu bringen bereit ist, einen großen Einfluss auf den persönlichen Erfolg hat.

Ein österreichischer Sportler hat dies über viele Jahre eindrucksvoll bewiesen. Ein Mann, der durch seinen eisernen Willen in seinem Sport an die Weltspitze gelangte: Thomas Muster. Für ihn war ein Tennisspiel erst dann zu Ende, wenn der Schiedsrichter es auch formell beendete. Ein Spiel von Thomas Muster, das vielen Tennisfans in Erinnerung sein dürfte, war das Finale des Sandplatzturniers in Monte Carlo am 30. April 1995 gegen Boris Becker. Muster lag schier hoffnungslos zurück, hatte die beiden ersten Sätze verloren, und Becker sah schon wie der sichere Sieger aus. Trotzdem kämpfte der Österreicher weiter und gewann den nächsten Satz. Im vierten Satz war die Spannung nicht mehr zu überbieten. Wieder ging Becker klar in Führung, für Muster schien die Niederlage besiegelt.

Viele Profis hätten in dieser Situation wahrscheinlich aufgegeben und den neuerlichen Willen, sich ins Spiel zurückzukämpfen, nicht aufgebracht. Nicht so Thomas Muster. Er kämpfte, als hätte die Partie eben erst begonnen – und tatsächlich drehte er das Spiel noch um und gewann den vierten Satz im Tie-Break 7/6, ließ Becker im letzten Satz kein Game mehr gewinnen und sicherte sich so den Turniersieg.

Trotzdem sind der Wille, der persönliche Einsatz und der Ehrgeiz nur die eine Seite der Medaille. Auch dafür findet man im Volksmund einen Spruch, der das verdeutlicht: *Der Wille ist stark, aber das Fleisch ist schwach.* Was also fehlt noch, um wirklich erfolgreich zu sein?

Der zweite entscheidende Faktor ist die Vorstellung. Die Vorstellung dessen, was man erreichen möchte. Sich die Bilder im Kopf so zu konstruieren, als ob das Vorhaben schon positiv umgesetzt wäre. Die Handlung in Gedanken vorwegnehmen. Wie ein Skirennfahrer, der vor dem Abfahrtslauf in Kitzbühel die berühmte Rennstrecke *Streif* in seinem Kopf bewältigt. Und zwar in einer fantastischen Zeit.

Dieser Faktor umfasst also zwei Aspekte: zum einen zu wissen, wie das Ergebnis aussehen soll, und zum anderen die Fähigkeit, sich den Prozess, der zum gewünschten Ergebnis führt, vorstellen zu können. Und zwar in möglichst vielen konkreten Einzelheiten. Am besten als Film im Kopf ablaufen zu lassen und sich immer wieder und wieder mit diesen Bildern zu beschäftigen.

So wie Arnold Schwarzenegger, der Ende der Sechzigerjahre die steirische Landeshauptstadt Graz verließ, um in München seine Karriere voranzutreiben. In dieser Phase seines Aufstieges sah sich der Steirer die Herkules-Kinofilme des damaligen Mister Universum Reg Park oftmals an, um die Bewegungen des Vorbildes zu speichern, damit er sie dann nachahmen konnte.

Der Faktor Vorstellung geht aber über diese konkreten Bilder weit hinaus. Er bedeutet auch, sich eine Vorstellung darüber machen zu können, wohin der Weg des Lebens oder des Berufes bzw. des Unternehmens gehen soll. Erfolgreiche Menschen haben Visionen und handeln dementsprechend, das heißt, sie kennen die große Gesamtidee ihres Lebens oder ihrer beruflichen Tätigkeit sowie den Rahmen, in dem ihre Aktivitäten Sinn machen. Und sie kennen das Warum hinter ihren Zielen.

Nun drängt sich eine Frage auf, die wohl für viele schwer zu beantworten sein mag. *Welcher der beiden Faktoren ist der wohl entscheidendere, um tatsächlich großen Erfolg zu haben?*

In meinen Seminaren habe ich diese Frage schon Tausenden Menschen gestellt. Sehr viele meinen, das könne man so nicht trennen und damit auch nicht beantworten, weil ja beide wichtig seien. Das ist grundsätzlich auch richtig. Und trotzdem: Treffen Sie Ihre Entscheidung. Jetzt. Ist es Ihr Wille, der über Ihren Erfolg bzw. Ihren Misserfolg entscheidet, oder ist es Ihre Vorstellung in Ihrem Kopf?

In meinen Seminaren verteilen sich die Antworten auf diese Frage zirka fünfzig zu fünfzig. Was denken Sie? Ist es Ihr Wille oder Ihre Vorstellung? Treffen Sie Ihre Entscheidung, ehe sie weiterlesen, und tragen Sie diese ein.

Der entscheidende Faktor für mich ist:

Überprüfen wir nun Ihre Entscheidung. Schauen wir, welcher der beiden Faktoren wichtiger ist. Dafür lade ich Sie zu einem kleinen Experiment ein. Machen Sie bei diesem Versuch einfach mit, Sie werden davon profitieren und eine Erkenntnis gewinnen. Zumindest werden Sie ein starkes *Aha-Erlebnis* spüren.

2.1 Was steuert Ihr Verhalten – Wille oder Vorstellung?

Stellen Sie sich folgende Situation vor: Sie befinden sich in einem Seminarraum. Außer Ihnen sind noch elf andere Personen anwesend. Für unser Experiment ist es nicht wichtig, wie gut Sie die anderen Menschen kennen. Stellen Sie sich vor, es handelt sich um eine typische Seminargruppe.

Außerdem befinden sich dort zwei massive Eichensessel, die sich gegenüberstehen. An beiden fällt Ihnen die sehr große Sitzfläche auf: Sie ist exakt 70 Zentimeter lang und 50 Zentimeter breit. Ansonsten entsprechen die Sessel den üblichen Maßen, das heißt die Sitzhöhe beträgt 45 Zentimeter. Jetzt kommt eine weitere Person in den Raum. Sie trägt ein Brett unter dem Arm. Das Brett ist zwei Meter lang, vier Zentimeter stark und zwei Schuhbreiten, also etwa 20 bis 25 Zentimeter, breit.

Diese Person legt dieses Brett nun so auf die Sitzflächen der beiden Sessel, dass eine Art Brücke entsteht. Ein Brett, 45 Zentimeter über dem Boden, zwei Schuhbreiten breit und vier Zentimeter stark, liegt jeweils einen halben Meter auf einem massiven Eichensessel auf. Können Sie sich die beiden Möbel, verbunden durch das Brett, vorstellen? – Gut.

Ihre Aufgabe bei diesem Experiment ist es nun, über dieses Brett zu balancieren. Würden Sie das tun? Würden Sie das in der Realität schaffen? Wenn ja, dann vollziehen Sie diese Handlung in Gedanken. Gehen Sie nun, Schritt für Schritt, vorsichtig, diesen einen Meter, 45 Zentimeter über dem Boden zum zweiten Stuhl. Die meisten von Ihnen würden das in einer Realsituation schaffen und haben eben entsprechend in Gedanken gehandelt. Auch in der Gruppe, in der Sie sich in unserem Experiment befinden, haben alle diese Übung geschafft.

Stellen Sie sich nun eine nächste Situation vor: Sie gehen mit der Gruppe aus dem Raum auf eine große, grüne Wiese. Sie spüren den leichten Wind, und vielleicht riechen Sie den Duft der einen oder anderen vertrauten Pflanze. Zwei Personen aus der Gruppe haben die beiden Sessel mitgenommen und stellen sie wieder vis-à-vis auf. Und Sie sehen ein neues Brett. Es ist gleich stark wie das alte, vier Zentimeter, es ist auch gleich breit, zwei Schuhbreiten, aber es ist fünfmal so lang: zehn Meter. Zwei Personen aus der Gruppe legen nun auch dieses neue

Brett so über die Eichensessel, dass wieder eine Brücke entsteht. Diesmal eine viel längere. Das zehn Meter lange Brett liegt auf jedem Sessel 50 Zentimeter auf, schwebt dazwischen in der Luft, 45 Zentimeter über dem Boden. Auch diesmal besteht Ihre Aufgabe darin, über dieses Brett zu balancieren.

Würden Sie das tun? Würden Sie das auch diesmal in der Realität schaffen? Wenn ja, dann vollziehen Sie diese Handlung in Gedanken. Gehen Sie nun, Schritt für Schritt, vorsichtig, diese neun Meter, 45 Zentimeter über dem Boden zum zweiten Stuhl. Sie spüren, wie sich das Brett unter Ihrem Gewicht etwas durchbiegt. Es ist vier Zentimeter stark, es hält. (In der Realität biegt es sich natürlich bei so großer Distanz durch.) Verwenden Sie Ihre Arme, um das Gleichgewicht besser zu halten.

Würden Sie diese Übung in der Realität durchführen? Würden Sie es schaffen, diese neun Meter über das Brett zu balancieren? Die meisten von Ihnen würden diese Aufgabe erfolgreich bewältigen und haben auch diesmal entsprechend in Gedanken gehandelt. Auch in der Gruppe, in der Sie sich in unserem Experiment befinden, haben alle diese Übung geschafft.

Stellen Sie sich nun eine dritte Situation vor. Sie sitzen in einem Flugzeug. Sie spüren das Vibrieren der Turbinen, hören das leise Summen der Motoren und sehen die mittlerweile vertrauten Personen Ihrer Gruppe um sich in der Maschine sitzen. Sie haben einen sehr angenehmen Platz am Fenster und einen großartigen Ausblick. Das Bordservice ist erstklassig, und der Flug verläuft sehr angenehm. Sie sind in Gedanken verloren, als Sie das bekannte *Kling*, jenes Signal, das eine Durchsage ankündigt, hören. Es meldet sich der Kapitän aus dem Cockpit: *Einen schönen guten Tag, meine sehr verehrten Damen und Herren; hier spricht Ihr Kapitän. Ich begrüße Sie recht herzlich an Bord unseres Airbus «Wolfgang Amadeus Mozart» auf dem Flug von Wien nach Las Vegas. Unsere Flughöhe beträgt 12 000 Fuß und unsere Reisegeschwindigkeit 700 Kilometer in der Stunde. Unsere errechnete Ankunftszeit in Las Vegas ist 11 Uhr 30 Ortszeit. Dort hat es zur Zeit angenehme 25 Grad im Schatten, und es ist windstill. Die Crew und ich, wir freuen uns, Ihnen den Aufenthalt bei uns an Bord so angenehm wie möglich zu gestalten. Ich wünsche Ihnen noch einen schönen Flug und bedanke mich gleich, dass Sie mit uns geflogen sind.*

Dieser angenehme Flug neigt sich rasch seinem Ende zu. Schon beginnt der Landeanflug, und auf einmal taucht mitten in der Wüste, wie aus dem Nichts, eine Stadt auf: Las Vegas. Sie können von Ihrem Fensterplatz die beeindruckende Skyline dieser zum größten Teil künstlich angelegten Stadt sehen.

Nach einer sanften Landung erledigen Sie die Einreiseformalitäten und holen Ihr Gepäck. Auf Sie und Ihre Gruppe wartet vor dem Flughafengebäude bereits ein Autobus. Als Sie sich umschauen, huscht Ihnen ein Lächeln übers Gesicht, denn zwei Mitglieder Ihrer Gruppe bringen doch tatsächlich das zehn Meter lange Brett zum Autobus und verstauen es. Sie fragen Sich, wozu Sie dieses Brett brauchen, und Sie fragen sich auch, wohin der Bus die Gruppe wohl bringen wird. Sie überlegen sich, welches der vielen tollen Hotels das Ihre sein wird.

Umso überraschter sind Sie, als Sie merken, dass der Bus mit Ihnen, der Seminargruppe und dem zehn Meter langen Brett die Stadt verlässt und in die Wüste braust. Allmählich wird Ihnen klar, wohin die Reise geht, und Sie haben völlig

Recht. Der Bus fährt in den Grand Canyon. Vielleicht haben Sie diesen großartigen Nationalpark bereits besucht und können sich an die außergewöhnlichen Eindrücke erinnern. Der Bus bringt Sie zu einem so genannten *Point*. Das sind die Aussichtshäuschen, die an den Schluchten stehen und den Besuchern auch die Möglichkeit bieten, mit Fernrohren in die Tiefe zu blicken.

Wissen Sie, wie tief die Schluchten im Crand Canyon durchschnittlich sind? Es ist beinahe unglaublich, aber sie sind 1600 Meter tief. Stellen Sie sich nun vor, der Bus hätte Sie zu einem ganz bestimmten *Point* gebracht. Außer Ihnen und der Gruppe sind sonst keine anderen Besucher anwesend. Sie betreten das Haus und gehen zielbewusst auf die kleine Terrasse, um nach

unten zu blicken. Sie spüren eine leichte Brise und erahnen eineinhalb Kilometer unter Ihnen den Colorado River.

Ihr Blick löst sich von der Tiefe und trifft die andere Seite der Schlucht. Es gibt da irgendetwas Besonderes, Sie wissen aber noch nicht, was es ist. Und dann wird es Ihnen plötzlich klar. Die Schlucht, an der Sie stehen, ist zwar sehr tief, aber nicht sehr breit, nicht mehr als neun Meter. Können Sie sich dieses Bild vorstellen?

Plötzlich hören Sie ein Geräusch. Ein Rattern. Es wird immer lauter, und es ist Ihnen nun bewusst, dass dieses Geräusch etwas mit Ihnen und der Gruppe zu tun hat. Da sehen Sie ihn, den Hubschrauber. Sie sehen auch auf den ersten Blick das Seil, an dem ein großer Haken hängt.

Sofort ist Ihnen klar, was jetzt auf Sie zukommt. Sie sprechen mit den anderen der Gruppe über dieses Geschehen und beobachten dabei, wie zwei Mitglieder des Teams das zehn Meter lange Brett an dem Haken des Hubschraubers festmachen.

Der Pilot steuert seinen Helikopter so präzise, dass das Brett wie eine sehr schmale Brücke die Schlucht überquert.

Diesmal liegt es eben nicht zwischen zwei Sesseln, sondern 1600 Meter über einem Canyon. Stellen Sie sich vor, Sie stehen vor dieser Brücke. Sie schauen zum anderen Ende der Schlucht, Sie blicken nach unten. Sie schauen wieder hinüber und dann nochmal nach unten.

Und jetzt kommt Ihre Aufgabe. Sie besteht darin, über dieses Brett zu balancieren. Über ein Brett, das zwei Schuhbreiten breit, vier Zentimeter stark und neun Meter lang über freiem Grund liegt. 1600 Meter über dem Boden. Stellen Sie sich diese Situation vor. Wie entscheiden Sie in Ihren Gedanken diesmal? Würden Sie in der Realität über das Brett balancieren? Würden Sie das tun? 1600 Meter über dem Boden, nur zwei Schuhbreiten breit und zehn Meter lang. Würden Sie es wagen, über diese Behelfsbrücke zu gehen? Treffen Sie jetzt Ihre Entscheidung.

Einige wenige, vielleicht Bergsteiger oder Extremsportler, sind in Gedanken über das Brett gegangen. Die meisten von Ihnen aber haben eine andere Entscheidung getroffen und sich wahrscheinlich gedacht: *Nein, ich würde in der Realität niemals über dieses Brett gehen.* Vielleicht haben Sie auch gedacht: *Was soll das?* Oder: *der spinnt doch!* So ähnlich könnte Ihr Gedankengang gelautet haben.

Von den vielen Seminarteilnehmern, die diese fiktive Reise in den Grand Canyon bereits unternommen haben, entschieden sich ca. 95 Prozent dafür, nicht über das Brett zu gehen. Nun drängt sich die Frage auf, wieso sie diesmal nicht über das Brett balancieren. Die meisten haben ja genau die gleiche Aufgabe, nämlich über ein zehn Meter langes Brett zu gehen, das neun Meter über freiem Boden schwebt, zwei Schuhbreiten breit und vier Zentimeter stark ist, bereits erfolgreich bewältigt. Was lässt sie diesmal zögern?

Es ist die enorme Höhe, nämlich jene 1600 Meter, die in ihrem Kopf die Vorstellung erzeugt haben, was passiert, wenn sie hinunterstürzen. Das negative Bild, das die meisten vor sich sahen, stellte die Konsequenzen eines Sturzes in die Tiefe dar, nämlich, dass es keine Überlebenschance gibt. Bei den beiden ersten Versuchen, als die Mitglieder der Gruppe noch keine Abgründe überqueren sollten, hatten sie diese Vorstellung nicht. Jetzt war dieses Bild aber da und auch nicht wegzubekommen. Zu fallen, das bedeutet den sicheren Tod. Das war die Botschaft der Vorstellung.

Es sind Ihre Vorstellungen, die Ihr Verhalten steuern, jeden Augenblick. In diesem kurzen Experiment genauso wie in Ihrem Leben. Die Bilder, die sich in unseren Köpfen festsetzen, versuchen wir zu realisieren. Dabei spielt es keine Rolle, ob sie positiv oder negativ besetzt sind.

Kehren Sie nun noch einmal zurück in das Häuschen am Rande dieses fiktiven Canyons. Stellen Sie sich vor, Sie hören wieder das Knattern eines Hubschraubers. Im Unterschied zur ersten Maschine, die das Brett gebracht hat, sieht dieser Helikopter aber sehr luxuriös aus. Aus dem Cockpit wird eine Strickleiter geworfen und ein Mann, elegant im sportlichen Anzug, steigt geschmeidig hinunter auf die Ebene der anderen Seite. Dort stellt er den kleinen, schwarzen Aktenkoffer ab, den er die ganze Zeit in seiner Hand hielt. Er öffnet den Deckel, und Sie sehen den Inhalt. Ein Koffer voller Geld! Harte Dollars. Exakt zehn Millionen Dollar!

Was wäre, wenn das viele Geld nur für Sie bestimmt wäre? Für zehn Meter, für den Gang über das Brett. Für jeden Meter eine Million. Wäre das für Sie ein Motiv? Überlegen Sie noch einmal. Wenn Sie hinübergehen, gehören die zehn Millionen Dollar Ihnen. Ihnen allein. Wie entscheiden Sie sich jetzt? Gehen Sie oder bleiben Sie stehen? Vollziehen Sie nun Ihre Handlung in Ihren Gedanken.

Viele von Ihnen, die zuvor gepasst haben, haben vielleicht jetzt überlegt, zu gehen. Manche sind tatsächlich auf der anderen Seite angekommen. Was hat sich im Vergleich zu vorhin verändert? Was ist geschehen?

Ganz einfach: das Bild in Ihrem Kopf – was geschieht, wenn Sie hinunterfallen – wurde gelöscht. Genauer gesagt, es wurde ersetzt. Überlagert von einem anderen Bild mit einer stärkeren Wirkung. Es zeigt Ihnen, was Sie mit zehn Millionen Dollar für den Rest Ihres Lebens anfangen können.

Diejenigen der Gruppe, die nun gegangen sind, haben so viele schöne Bilder in ihrem Kopf gehabt, dass die Entscheidung für sie klar war. Und wenn Sie auch mit dabei waren, hat Ihre Vorstellung Ihr Verhalten gesteuert.

Dabei ist es ganz egal, was Sie vorhaben oder was Sie tun; diese sich selbst erfüllenden Prophezeiungen treffen mit einer sehr großen Sicherheit zu. Das bedeutet freilich nicht, dass es bereits genügt, nur positiv zu denken, und schon sind Sie noch erfolgreicher. Eine Affirmation allein ist jedenfalls zu wenig. Wenn Sie aber das Bild von Ihrem Ergebnis, von Ihrem angestrebten Ziel nicht in Ihren Kopf bringen, dann werden Sie auch nicht den nötigen Willen, Einsatz und Ehrgeiz aufbieten können.

Im negativen Sinne hat das vorhandene Bild – isoliert betrachtet – eine ungleich stärkere Wirkung. Wenn sich ein Schüler oder ein Student vor einer Prüfung dermaßen stark einredet, er könne sie ohnehin nicht bestehen, so dass dieses Bild im Kopf fixiert ist, dann wird er mit einer sehr hohen Wahrscheinlichkeit durchfallen. Und danach wird er aller Welt mitteilen, er habe es ja zuvor schon gewusst. Der gleiche Ablauf lässt sich auch bei Außendienstmitarbeitern beschreiben, die einen Termin bei einem schwierigen Kunden vor sich haben. Erzeugen sie in ihren Gedanken das Bild, mit diesem schwierigen Kunden werde kein Geschäftsabschluss möglich sein, dann wird dies sicherlich auch eintreffen.

Die Verkäufer werden alles tun, um ihr prognostiziertes Ergebnis zu erreichen. Sie erkennen kognitiv gar nicht, dass sie dem Kunden lauter negative Signale senden, die diesem keine andere Möglichkeit lassen, als alle Angebote abzulehnen.

Sie kennen dieses Phänomen wahrscheinlich unter dem Begriff der *sich selbst erfüllenden Prophezeiung*. Diese vom amerikanischen Soziologen *Robert King Merton* eingeführte Bezeichnung beschreibt, dass Gedanken derart stark werden können, dass sie sich *verselbständigen* und erfüllen. Nicht nur bei wenigen Personen, die besondere Fähigkeiten aufweisen, sondern grundsätzlich bei allen Menschen!

Für die zuvor gestellte Frage, welcher der entscheidende Faktor für wirklichen Erfolg ist, gibt es also eine eindeutige Antwort. Es ist Ihre Vorstellung, die Ihr Verhalten steuert. Die vielen Bilder, die Sie permanent in Ihrem Kopf erzeugen und speichern, steuern Sie wie ein Autopilot auf Erfolgs- oder Misserfolgskurs.

Vera F. Birkenbihl, eine der anerkanntesten Management- und Verhaltenstrainerinnen im deutschsprachigen Raum, hat mir von folgender Technik erzählt, die ich Ihnen gerne weitergeben möchte, weil ich sie wirklich für großartig halte. Bevor Sie Ihr nächstes Vorhaben starten, versuchen Sie über den gewünschten Verlauf und das angestrebte Ergebnis einen Film in Ihrem Kopf zu drehen. Einen Streifen, der möglichst viele Details zeigt und zumindest zwölf Minuten dauert. So lange braucht unser Gehirn, um die Bilder des Films zu speichern. Wenn Sie es schaffen, diesen Film zu «produzieren», so dass er in einem Stück durchläuft, ohne Werbeunterbrechung und ohne Filmriss, dann können Sie loslegen und werden Ihr Ziel erreichen. Schaffen Sie diesen zwölfminütigen Film dagegen nicht, dann sollten Sie mit dem Start Ihres Vorhabens noch etwas zuwarten. Sie können dann zwar sehr ehrgeizig an diesem Projekt arbeiten, es ist aber wahrscheinlich, dass es nicht ganz zu Ihrer Zufriedenheit läuft. Es ist ungefähr so, wie wenn Sie Ihr Haus bauen. Wenn Sie so weit sind, dass sie mit geschlossenen Augen zwölf Minuten lang durch Ihr neues Heim wandern können und dabei viele Details sehen, dann können Sie mit aller Energie starten. Kommen Sie aber zum Beispiel nicht über die Küche hinaus und Ihr Film endet bereits nach weniger als zwölf Minuten, dann sollten Sie sich noch eingehender mit dem Plan Ihres Hauses beschäftigen.

Diese Technik lässt sich auch im Profisport anwenden. Einige Monate coachte ich den Fußballprofi Adi Hütter, damals Mitglied der österreichischen Nationalmannschaft und Kapitän des Bundesligaklubs Austria Salzburg. Er hatte Erfolge erreicht wie nur sehr wenige österreichische Fußballer. Er hatte in einem Europacup-Finale gespielt, in der Champions-League, hatte mit dem Nationalteam die Qualifikation für die Weltmeisterschaft in Frankreich geschafft und war mehrmals österreichischer Fußballmeister geworden. Als wir miteinander arbeiteten, befand er sich in einem hartnäckigen Formtief. Seit zwei Jahren hatte er kein Tor mehr in einem Bewerbsspiel erzielt, er hatte wenig Selbstbewusstsein und wurde regelmäßig vorzeitig ausgewechselt. All das wirkte sich auch negativ auf sein Selbstvertrauen aus.

Adi Hütter in action

Unser gemeinsames Ziel war es, positive Vorstellungen im Kopf von Adi Hütter zustande zu bringen, die so klar und stark sein sollten, dass sich der Profi wieder sicherer fühlen und bessere Leistungen erbringen könne. Wir wollten also Bilder über gelungene Spielzüge und wunderschöne Torszenen erzeugen und zu einem Film *zusammenschneiden*. Weil es sich dabei ja um bewegte Bilder handelt, gingen wir viel spazieren und entwickelten dabei diese Vorstellungen.

Vor den Spielen ließ Adi Hütter diese Szenen in seinem Kopf mehrmals ablaufen. Er kaufte sich ein leeres, schön eingebundenes Buch, in das er seine Spielvorhaben und eben jene Szenen eintrug, die er sich vorgestellt hatte. Die wichtigsten Szenen sollte er sich vor dem Match mindestens zwölf Minuten lang ins Gedächtnis rufen. Nach recht kurzer Zeit stieg seine Form an, und schon nach ein paar Wochen schoss er wieder Tore, vier in wenigen Spielen.

Es war im Großen und Ganzen so, wie er sich das vorgestellt hatte. Wenn diese Technik bei ihm funktioniert hat, so kann sie auch bei Ihnen klappen. Dafür müssen Sie freilich etwas leisten, nämlich sich ihre Vorhaben sehr konkret vorstellen und ausmalen. Gelingt Ihnen dies, so schaffen Sie es auch, sich den Willen und die Konsequenz zu holen, die Sie für die erfolgreiche Umsetzung brauchen.

Erst wenn unser Gehirn mit den notwendigen Bildern versorgt wurde, also den Plan für die angestrebten Aktivitäten besitzt, steuert es uns auf Erfolgskurs.

Übung: Das Drehbuch für Ihren persönlichen Erfolgsfilm

Vielleicht haben Sie beim Lesen der letzten Seiten bereits an Ihr nächstes wichtiges Ziel gedacht und schon überlegt, wie ein Film dazu aussehen könnte. Nützen Sie die Möglichkeit, an dieser Stelle das Drehbuch dazu zu skizzieren, indem Sie die Stichwörter für einen Zwölf-Minuten-Film für Ihr nächstes wichtiges Vorhaben niederschreiben.

Die wichtigsten Stichworte zu meinem Zwölf-Minuten-Erfolgsfilm:

______________________	______________________
______________________	______________________
______________________	______________________
______________________	______________________
______________________	______________________
______________________	______________________
______________________	______________________
______________________	______________________
______________________	______________________

Sie haben sich soeben intensiv eine bestimmte Situation vorgestellt und durch ausgewählte Begriffe definiert. Nutzen Sie gleich die Chance und starten Sie Ihren ersten Versuch. Lassen Sie Ihren Zwölf-Minuten-Erfolgsfilm bei geschlossenen Augen jetzt ablaufen. Machen Sie es sich bequem und versuchen Sie es. Jetzt!

Wie stark wir uns in Gedanken hineinsteigern können, hat *Paul Watzlawick* in seinem großartigen Buch *Anleitung zum Unglücklichsein* in einer Geschichte treffend beschrieben.

Die Geschichte vom Hammer

Ein Mann will ein Bild aufhängen. Den Nagel hat er, nicht aber den Hammer. Der Nachbar hat einen. Also beschließt unser Mann, hinüber zu gehen und ihn auszuborgen. Doch da kommt ihm ein Zweifel: Was, wenn der Nachbar mir den Hammer nicht leihen will? Gestern schon grüßte er mich nur so flüchtig. Vielleicht war er in Eile.

Aber vielleicht war die Eile nur vorgeschützt, und er hat etwas gegen mich. Und was? Ich habe ihm nichts angetan; der bildet sich da etwas ein.

Wenn jemand von mir ein Werkzeug borgen wollte, ich gäbe es ihm sofort. Und warum er nicht? Wie kann man einem Mitmenschen einen so einfachen Gefallen abschlagen?

Leute wie dieser Kerl vergiften einem das Leben. Und dann bildet er sich noch ein, ich sei auf ihn angewiesen. Bloß weil er einen Hammer hat. Jetzt reichts mir wirklich. – Und so stürmt er hinüber, läutet, der Nachbar öffnet, doch noch bevor er «Guten Tag» sagen kann, schreit ihn unser Mann an: «Behalten Sie sich Ihren Hammer, Sie Rüpel!»

Sie können sich nun fragen, welche Funktion denn der Wille besitzt, wenn die Vorstellungen der entscheidende Faktor für unsere Handlungen sind. Die Funktion des Willens ist jene des Ausführens, des Tuns. Sie ist eine sehr wichtige, denn es steht fest: Motivierte Menschen tun mehr als wenig motivierte, egal auf welchen Gebieten. Motivierte Menschen wissen aber auch, dass Anstrengung und Fleiß nur dann effizient sind, wenn es ein klares Bild vom Zustand, den man mit seiner Leistung erreichen möchte, gibt.

Schauen wir uns jetzt also an, wodurch sich *motivierte Menschen* auszeichnen, welche Besonderheiten sie aufweisen.

3. Motivierte Menschen bewegen

Die größte Gefahr für die meisten von uns ist nicht, dass wir uns zu hohe Ziele stecken und daran scheitern, die größte Gefahr für die meisten von uns ist, dass wir uns zu wenig vornehmen und das tagtäglich erreichen!

Nach Michelangelo

In meinen Seminaren und Vorträgen werden mir immer wieder die gleichen Frage gestellt: *Wie weiß man, ob eine andere Person tatsächlich motiviert ist? Kann man beobachten, ob andere motiviert sind? Wie kann man Motivation messen?*

In einem Buch, das *Der Treppenläufer* heißt, kommt die Antwort nicht sehr überraschend: Es lässt sich tatsächlich an den Aktivitäten beobachten und auch messen! Wir können den Unterschied in den Handlungen von hoch motivierten Menschen im Vergleich zu wenig oder gar nicht motivierten sehen. Motivierte Leute bewegen und bringen etwas weiter: sich selbst, andere Personen und große Dinge.

Kennen Sie jemanden, der Ihnen schon oftmals erzählt hat, dass er abnehmen möchte, dabei aber kein einziges Kilo verloren hat, oder haben Sie in Ihrem Bekanntenkreis eine Person, die Ihnen erzählt, dass sie bald für ein Jahr nach Amerika gehen werde – und das seit zehn Jahren? Solche Menschen gibt es – viel zu viele. Die meisten von ihnen gehören in die Kategorie der «Jahreswechsel-Motivierten». Das sind jene, die sich zu diesem besonderen Anlass regelmäßig besondere Dinge vornehmen: mit dem Rauchen aufzuhören, abzunehmen, mit Sport zu beginnen, mehr Zeit der Familie zu widmen usw. usf.

Das sind jene, die so tun, als ob Motivation weniger mit

ihnen selbst als vielmehr mit dem Jahreswechsel zu tun hätte! Das sind auch jene, die üblicherweise in ihrem Bemühen über den Dreikönigstag nicht hinauskommen. Spätestens zu diesem Termin haben die alten, zuvor kritisierten Verhaltensweisen wieder Oberwasser, und es läuft alles wieder so wie vor dem Jahreswechsel. Macht aber nichts, denken diese Menschen dann sehr häufig, denn in knapp zwölf Monaten kommt die nächste Gelegenheit, und da werde ich es wieder versuchen. Das sind jene, die nach dem Motto leben: *Hauptsache, ich habe es versucht!*

Ich denke, es gibt ein besseres Motto, ein viel besseres, nämlich: *Ich tue es einfach, voll und ganz!*

Ich habe die Erfahrung gemacht, dass es wesentlich leichter ist, etwas Bestimmtes zu tun, als es nur zu versuchen.

Bei einem beeindruckenden Seminar bei Jörg Löhr habe ich eine Übung kennen gelernt, die diesen Gedanken deutlich demonstriert. Ich möchte Sie auffordern, diese kleine Übung selbst auszuprobieren.

Übung:

Dazu brauchen Sie einen Stuhl und davor etwas Platz. Versuchen Sie nun, sich auf diesen Stuhl zu setzen. Aber versuchen Sie es nur. Halten Sie inne, bevor Ihre Oberschenkel die Sitzfläche berühren. Verharren Sie so einige Augenblicke. Sie werden ein leichtes Ziehen in den Muskeln des Oberschenkels spüren. Je länger Sie in dieser Position bleiben, desto stärker wird dieses Ziehen. Ehe Sie Schmerzen verspüren, sollten Sie aufhören. Sie haben also versucht, sich auf einen Sessel zu setzen. Sind Sie jemand, der üblicherweise nach dem ersten Versuch aufgibt? Nein? Gut, dann versuchen Sie nochmals, sich hinzusetzen. Aber versuchen Sie es nur. Wiederum sollten zwischen den Unterseiten Ihre Oberschenkel und der Sitzfläche ein bis maximal zwei Zentimeter Raum frei bleiben. Sie verharren wieder in dieser Position, bis Sie dieses Ziehen wieder spüren. Wahrscheinlich halten Sie es jetzt nicht mehr so lange aus wie vorhin, und schon bald richten Sie sich wieder auf.

Würden Sie sich als konsequent beschreiben? Ja? Gut, dann versuchen Sie noch ein drittes Mal, sich auf den Sessel zu setzen. Die Spielregeln kennen Sie ja bereits. Sie versuchen es bloß und halten wiederum einige Zentimeter, ehe Ihre Oberschenkel die Sitzfläche berühren, inne. Wie lange halten Sie es diesmal aus? Aus dem Ziehen wird ein Brennen, und Ihre Muskeln tun schon nach kurzer Zeit weh? Das ist normal. Sie haben nun auch keine Lust mehr, einen weiteren Versuch zu starten? Auch das ist gut zu verstehen.

Machen Sie trotzdem noch einmal mit. Diesmal ist es aber kein Versuch, sondern Sie setzen sich einfach hin! Sie spüren den Unterschied zwischen v e r s u c h e n und t u n. Es ist kraftsparender und einfacher, lustiger und auch motivierender, die Dinge einfach zu tun.

Sie kennen bestimmt auch Personen, die Ihnen sehr begeistert erzählt haben, dass sie mit dem Rauchen aufhören oder Geld in einen Fonds anlegen wollen – und es dann tatsächlich getan haben. Als wäre es das Selbstverständlichste und Einfachste auf der Welt. Vielleicht haben Sie sich gefragt: *Wie machen die das bloß?* Das sind jene, die sehr klare Bilder darüber im Kopf haben, was in ihrem Leben wichtig und somit als Nächstes zu tun ist. Gehören Sie zu dieser Kategorie? Dann sind die nächsten Schritte in Ihrem Leben für Sie eindeutig, weil Sie auf ein klares Ziel zugehen und genau wissen: Wenn Sie das jetzt durchziehen, dann kommen Sie Ihrem Vorhaben, Ihrem Ziel, Ihrer Vision wieder einen Schritt näher!

Was macht nun den Unterschied zwischen den beiden Personengruppen aus? Aus welchen Gründen schaffen die einen ihre Vorhaben, und aus welchen Gründen scheitern die anderen? Es gibt tatsächlich eine klare Unterscheidung dieser beiden Gruppen. Die relevanten Ursachen dafür kann man auf wenige Faktoren reduzieren. Es sind genau jene, die entscheiden, ob eine Person wirklich motiviert ist oder nicht:

- ein klares Ziel;
- hoher Einsatz und
- starke Konsequenz.

Das sind die Zutaten, aus denen der Motivationscocktail gemixt wird. Motivation heißt nichts anderes, als dass eine Person ein sehr klares, konkretes Ziel vor Augen hat, versucht, dieses Ziel mit hohem Einsatz zu realisieren, und dabei konsequent bei der Sache bleibt! In anderen Worten kann Motivation auch als jene Spannung verstanden werden, die durch die Differenz zweier unterschiedlicher Zustände erzeugt wird. Zum einen gibt es den realen Ist-Zustand, der als nicht mehr befriedigend bzw. ausreichend betrachtet und bewertet wird. Zum anderen gibt es aber auch einen, durch ein konkretes Ziel in der eigenen Vorstellung definierten Soll-Zustand.

Gelingt es Ihnen etwa, eine bestimmte Vorstellung in Ihrem Kopf so stark zu entwickeln, dass diese Bilder in Ihrem Gehirn an freien Nervenbahnen angedockt haben (zum Beispiel durch die schon beschriebene Zwölf-Minuten-Filmübung), dann wird die dadurch resultierende Spannung Sie in Bewegung setzen. Diesen Prozess sehen wir uns etwas später genauer an.

Erinnern Sie sich noch an das erste Kapitel dieses Buches, an die Geschichte vom Treppenläufer? Auch die vom Verhalten anderer Personen ausgelösten Zustände können diesen Prozess in Gang setzen – entweder im Positiven, also im Sinne von Motivation, oder im Negativen, im Sinne von Demotivation. Durch diese Definition von Motivation wird auch ersichtlich, dass bei dieser Darstellung von Motivation die individuelle Komponente eine bedeutende Rolle spielt. Den Zustand, motiviert zu sein, würden zwar die meisten von uns sehr ähnlich beschreiben, die Gründe, die uns motivieren, können aber sehr unterschiedlich sein. Was für den einen als Ansporn zu verstehen ist, bewegt einen anderen vielleicht überhaupt nicht.

Daher sind die meist gut gemeinten Versuche, andere Personen nach den eigenen Motivationsstrukturen zu bewegen, auch oft zum Scheitern verurteilt. Dies wird dann manchmal mit Aussagen wie *Diesen Mitarbeiter kann man einfach nicht motivieren* bestätigt. Dass hier jede Persönlichkeit ihr individuelles Schlüssel-Schloss-System aufweist, wird oft nicht berücksichtigt. Auch der jeweiligen Situation, in der die Handlung stattfindet, wird oftmals viel zu wenig Bedeutung beigemessen.

Dieses Verständnis von Motivation besitzt noch eine weitere wesentliche Einschränkung, die in vielen anderen Ansätzen nicht dargestellt wird. Denn motiviert zu sein, bedeutet noch nicht automatisch, auch zu handeln. Zunächst heißt es, dass jemand eine höhere Handlungstendenz aufweist, als andere Personen. Damit aus dieser erhöhten Handlungsbereitschaft auch eine beobachtbare, zielgerichtete Aktivität wird, sind weitere wichtige Zutaten notwendig. John W. Atkinson, einer der bekanntesten Motivationsforscher sieht in seiner Theorie drei entscheidende Bedingungen:

- Anreiz,
- Erfolgswahrscheinlichkeit,
- Motivtendenz.

Diese drei Zutaten korrespondieren mit den drei Faktoren, die wir für meine Definition von Motivation verwendet haben. Diese jeweils drei Bedingungen bilden Paare. So gehören das Ziel und der Anreiz ebenso zusammen wie der Einsatz und die Erfolgswahrscheinlichkeit sowie die Konsequenz und die Motivtendenz.

3.1 Ein klares Ziel vor Augen haben – Der Anreiz

Motivation ist ein biochemischer Prozess, der in mehreren Phasen abläuft und in dem Energie erzeugt wird. Diesen Ablauf kann man messen und darstellen. In der Wissenschaft kann man genau nachvollziehen, was in unserem Organismus passiert, wenn wir motiviert sind.

Gibt es eine konkrete Zielvorstellung, die stark genug in unserem Gehirn verankert ist, dann wird unser Organismus mit Energie versorgt, die dann zu einer zielgerichteten Handlung führt. Ist hingegen kein Bild von einem Ziel vorhanden, kann diese Energie nicht effektiv eingesetzt werden. Sie verpufft, ist nutzlos, weil nicht klar ist, was mit dieser Kraft, die zur Verfügung stünde, geschehen soll. In der Geschichte vom Seepferdchen ist dieser Grundgedanke sehr schön beschrieben.

Die Geschichte vom Seepferdchen

Es war einmal ein Seepferdchen, das eines Tages seine sieben Taler nahm und in die Ferne galoppierte, sein Glück zu suchen. Es war noch gar nicht weit gekommen, da traf es einen Aal, der zu ihm sagte: «Psst. Hallo Kumpel. Wo willst du hin?» «Ich bin unterwegs, mein Glück zu suchen», antwortete das Seepferdchen stolz.

«Da hast du es ja gut getroffen», sagte der Aal. «Für vier Taler kannst du diese schnelle Flosse haben, damit kannst du viel schneller vorwärts kommen.»

«Ei, das ist prima», sagte das Seepferdchen, bezahlte, zog die Flosse an und glitt mit doppelter Geschwindigkeit von dannen. Bald kam es zu einem Schwamm, der es ansprach: «Psst. Hallo Kumpel. Wo willst du hin?»

«Ich bin unterwegs, mein Glück zu suchen», antwortete das Seepferdchen. «Da hast du es ja gut getroffen», sagte der Schwamm, «für ein kleines Trinkgeld überlasse ich dir dieses Boot mit Düsenantrieb; damit könntest du viel schneller reisen.»

Da kaufte das Seepferdchen das Boot mit seinem letzten Geld und sauste mit fünffacher Geschwindigkeit durch das Meer. Bald traf es auf einen Haifisch, der zu ihm sagte: «Psst. Hallo Kumpel. Wo willst du hin?»

«Ich bin unterwegs, mein Glück zu suchen», antwortete das Seepferdchen. «Da hast du es ja gut getroffen. Wenn du diese kleine Abkürzung machen willst», sagte der Haifisch und zeigte auf seinen geöffneten Rachen, «sparst du eine Menge Zeit.»

«Ei, vielen Dank», sagte das Seepferdchen und sauste in das Innere des Haifisches, um dort verschlungen zu werden.

Und die Moral von dieser Geschichte: Wenn man nicht genau weiß, wohin man will, landet man leicht da, wo man gar nicht hin wollte.

Viele Menschen leben nach der Philosophie des Seepferdchens. Obwohl sie etwas tun, vergehen ihre Tage, ohne dass sie weiterkommen, geschweige denn an ein Ziel kommen. Diese Leute sind aktiv, aber wenig produktiv. Sie schaffen nur wenig, sind nach einem langen Tag am Abend noch immer an der gleichen Stelle. Solche Personen hört man oft sagen: *Ich habe das Gefühl, in meinem Leben bewegt sich nichts*. Um ihr

Handeln effektiv zu gestalten, müssten diese Menschen wissen, wofür ihre Handlungen dienen, wohin sie führen sollten, was der rote Faden durch ihr Leben ist. Dazu brauchen sie aber konkrete Bilder eines Ziel-Zustandes. Und dazu müssen sie etwa wissen, wer und wie sie sein wollen, was sie wollen und wohin sie möchten.

Während meines Studiums war ich mehrere Jahre lang in einer großen Diskothek als Diskjockey tätig. An den Wochenenden zählten wir mehrere hundert Besucher, die zu der Musik tanzten, die ich auflegte. Obwohl die meisten Musiknummern sehr beliebt waren, kamen nicht selten Gäste zu mir und kritisierten die Musik, die ich spielte. Dieser Dialog spielte sich immer wieder gleich ab:

Gast: *Spiel nicht so einen Blödsinn!*

Ich: *Was möchten Sie denn gerne hören?*

Gast: *Das weiß ich nicht, aber was anderes!*

Diese Szenen sind mir deshalb noch gut in Erinnerung, weil sie für das Leben mancher Menschen symptomatisch sind. Bezüglich der Musik konnten diese Leute sagen, was sie nicht hören wollten, sie waren aber nicht im Stande, ihre Vorlieben genau auszudrücken. Auch in anderen Lebensbereichen ist dies oft zu beobachten.

Diese Leute haben keine konkreten Vorstellungen im Kopf, wie und wohin ihr Leben verlaufen soll! Sie machen sich auch nicht die Mühe, darüber nachzudenken. Ihr passives Verhalten beruht auf einem folgenschweren Irrtum: Sie glauben nämlich oft, sie hätten ohnehin keinerlei Möglichkeiten, etwas zu gestalten oder zu verändern. Sie glauben, die Dinge kämen eben, wie sie kommen, oder es sei sowieso alles vorherbestimmt. *Sie* gehören wahrscheinlich nicht zu dieser Gruppe.

Sie wissen, dass Sie es selber sind, die Ihre Zukunft gestalten. Was Sie heute sehr intensiv denken, kann morgen *Ihre* Realität sein.

Wenn Sie nun denken, dass sich diese Gedanken zu einfach lesen, so haben Sie Recht, denn so simpel ist dies alles wirklich nicht. Es genügt noch nicht, bloß einen Traum oder ein Ziel zu haben, um effektives Handeln zu gewährleisten.

Viele Menschen träumen ihr Leben, währenddessen das Leben an ihnen vorüberzieht, um dann – viel zu spät – die Frage zu stellen, ob das denn alles gewesen sei. Die Träume und Ziele, die wir in unseren Köpfen haben, müssen etwas Besonderes sein. Sie müssen zu uns passen, so wie ein Schlüssel nur zu einem ganz bestimmten Schloss passt. Hier gibt es keinen Generalschlüssel! Damit wir Träume und Ziele auch verfolgen, müssen diese einen entsprechenden Anreiz für uns aufweisen. Erst wenn der Anreiz, dieses Buch zu Ende zu lesen, für Sie groß genug ist, werden Sie das auch tun. Erst wenn der Anreiz eines bestimmten Zieles für Sie groß genug ist, erfolgt der berühmte *Kick* und wird aus der Handlungsbereitschaft eine konkrete, zielgerichtete Aktivität.

In Unternehmen werde ich immer wieder mit Aussagen wie *Das sind ja nicht meine Ziele* oder *Das sind die Ziele der Chefs* konfrontiert. Damit bringen Menschen auch zum Ausdruck, dass die definierten Ziele für sie keinen entsprechenden Anreiz aufweisen. Wann aber empfinden wir Ziele als reizvoll? Was macht es aus, dass wir bei einigen Aufgaben und Zielen den *Kick* erleben und bei anderen nicht?

Es sind im Großen und Ganzen zwei Faktoren, die bestimmen, ob eine Aufgabe oder ein Ziel als reizvoll empfunden wird, ob wir später den Willen aufbringen und in der Realisierung der Aufgabe aufgehen. Zuvor müssen die Weichen im Kopf gestellt werden. Zum einen empfinden wir Ziele als besonderen Anreiz, je stärker sie mit unserer individuellen Wertehierarchie übereinstimmen. Das bedeutet, Ziele, die den eigenen Werten entspringen, und/oder die eigene Wertehierarchie festigen, üben auf uns eine sehr starke Anziehungskraft aus. Für diese Aufgaben setzen wir uns in Bewegung, sind wir bereit, Leistung zu bringen und Engagement und Kraft zu investieren. Ziele hingegen, die nichts oder wenig mit unseren Werten zu tun haben, wirken auf uns nicht anregend, können uns nicht in Bewegung setzen. Oft verstehen wir dann nicht, was an diesen Dingen Besonderes sein soll.

Diese Gedanken ziehen eine deutliche Konsequenz nach sich. Wenn Sie sich mit Ihrem Wertesystem beschäftigen und die für Sie entscheidenden Werte erarbeiten, werden Sie daraus auch Ziele ableiten können – manche werden sich von selbst ergeben –, die Sie mit dem entsprechenden Einsatz und der notwendigen Konsequenz auch realisieren werden.

Zum anderen müssen diese Ziele ein weiteres Kriterium aufweisen, um auf uns wirklich attraktiv zu wirken. Es genügt nicht, dass sie nur mit unseren Werten korrespondieren.

3.2 Einsatz und Erfolgswahrscheinlichkeit

So wie sich Ziel und Anreiz bedingen und ergänzen, bilden auch die Erfolgswahrscheinlichkeit, die Sie einer bestimmten Aufgabe zuschreiben, und der Einsatz, den Sie für deren Realisierung leisten, ein Faktorenpaar. Die grundsätzliche Frage lautet in diesem Zusammenhang, welche Erfolgswahrscheinlichkeit eine Aufgabe aufweisen muss, damit eine Person mit optimalem Einsatz an der Realisierung arbeitet. Die Attraktivität eines Zieles hängt nicht nur vom bereits dargestellten Anreiz, den es offeriert, ab, sondern auch von der Wahrscheinlichkeit, mit der es erreicht werden kann. Dafür habe ich eine spezielle Motivationsmethode entwickelt, das so genannte *Biermodell*©, das ich Ihnen später vorstellen werde. Um den Zusammenhang zwischen Erfolgswahrscheinlichkeit und Attraktivität einer Aufgabe zu verdeutlichen, schlage ich Ihnen wieder ein kleines Experiment vor.

Experiment «*Erfolgswahrscheinlichkeit*»

Diese kleine Übung besteht darin, dass ich Ihnen am Ende dieser Anleitung drei Fragen anbiete, aus denen Sie eine auswählen sollen. Die verschiedenen Fragen kennzeichne ich mit den Farben Weiß, Gelb und Rot. Ihr Entscheidungskriterium soll dabei die Erfolgswahrscheinlichkeit sein, das heißt die Wahrscheinlichkeit, mit der Sie die Frage richtig beantworten können. Da jede der drei Fragen eine andere Erfolgswahrscheinlichkeit aufweist, können Sie durch Ihre Wahl den Schwierigkeitsgrad der Aufgabe selbst bestimmen. Sie kennen zwar die Fragen noch nicht – was Ihre Wahl schwieriger macht –, der Themenkomplex aber, aus dem diese Fragen stammen, ist der Bereich der Motivation, also genau jenes schier unerschöpfliche Thema, um das es in diesem Buch geht. Sie entscheiden sich also für eine von drei Fragen, deren Beantwortung unterschiedlich schwer fällt, da die Fragen verschiedene Erfolgschancen aufweisen.

Sind Sie bereit?

Die weiße Frage:
Der sehr geringe Schwierigkeitsgrad bietet eine sehr hohe Erfolgswahrscheinlichkeit. Sollten Sie sich für diese Frage entscheiden, dann können Sie davon ausgehen, dass Ihnen die richtige Beantwortung dieser Frage leicht fallen wird und mindestens zu 97 Pro-

zent sicher ist. Eine derartige Frage wäre: *In welcher Stadt steht das Wiener Ernst-Happel-Stadion, und wie heißt es?*

Die gelbe Frage:
Ihr mittlerer Schwierigkeitsgrad verteilt die Wahrscheinlichkeit von Erfolg bzw. Misserfolg ungefähr gleich. Sollten Sie sich für diese Frage entscheiden, dann können Sie davon ausgehen, dass Ihnen die richtige Beantwortung gelingen kann, vorausgesetzt, Sie strengen sich an und denken über bereits Gelesenes und Gehörtes gut nach und können diese Informationen zusammenfügen. Es kann aber auch sein, dass Ihnen die richtige Beantwortung trotz hohem Einsatz nicht gelingt. Eine gelbe Frage wäre: *Für welche Veranstaltungen wird das Wiener Ernst-Happel-Stadion hauptsächlich verwendet?*

Die rote Frage:
Wegen des sehr hohen Schwierigkeitsgrades ist die Wahrscheinlichkeit, dass Sie diese Frage richtig beantworten, sehr gering und liegt unter drei Prozent. Sie können davon ausgehen, daß Sie diese Frage aller Voraussicht nach nicht richtig beantworten können. Eine Frage dieser Kategorie wäre: *Wie viele Dauerkartenbesitzer gibt es im Wiener Ernst-Happel-Stadion und wie heißen diese?*

Wählen Sie nun aus, für welche Frage und welche Erfolgswahrscheinlichkeit bzw. Aufgabenschwierigkeit Sie sich entscheiden. Tragen Sie die Farbe Ihrer Frage ein:

Ich entscheide mich für die ____________________ Frage.

Was waren die Gründe für Ihre Wahl? Versuchen Sie die wichtigsten Kriterien Ihrer Entscheidung zu benennen. Was hat Sie veranlasst, sich für gerade die eine und nicht eine der beiden anderen Fragen zu entscheiden? Versuchen Sie Ihre Überlegungen kurz niederzuschreiben.

Ich habe mich für die __________ Frage entschieden, weil:

____

____

____

____

____

Lassen Sie uns das Experiment analysieren: Vermutlich kennen Sie die Sience-fiction-Serie «Raumschiff Enterprise» und haben wohl irgendwann einmal ein Abenteuer von Käptn Kirk und Mr. Spock im Fernsehen oder Kino gesehen. Was das mit unserem kleinen Experiment zu tun hat? Nun ja, Mr. Spock hätte sich eine weiße Frage ausgesucht, also für die Frage mit der größten Erfolgswahrscheinlichkeit entschieden.

Der Grund dieses Handelns liegt nahe. Mr. Spock ist Vulkanier und gehört zu einer Spezies, die ausschließlich sachbezogen nach logischen Gesichtspunkten vorgeht. Emotionen sind den Vulkaniern fremd. So hätte sich Mr. Spock einzig an den Wahrscheinlichkeiten orientiert und daher die weiße Frage gewählt.

Wir kalkulieren aber grundsätzlich anders, denn in unseren Überlegungen spielen Emotionen eine sehr große Rolle. Der deutsche Verhaltensphysiologe Gerhard Roth wies in vielen Versuchen und Experimenten nach, wie groß der Anteil unserer Emotionen bei Entscheidungen ist. So werden unsere

Entscheidungen durch das Limbisch-Unbewusste über unser emotionales Erfahrungsgedächtnis getroffen. Das Limbische System in unserem Gehirn ist für unsere emotionalen Zustände verantwortlich. Dort werden sie gesteuert und verwaltet. Wir haben festgehalten: Motivierte Menschen bewegen. Sich selbst, große Dinge und andere Menschen. Dies gelingt ihnen deshalb, weil sie zum Beispiel andere überzeugen, begeistern und *anstecken* können. Das können sie deshalb so gut, weil sie eine sehr hohe Emotionalität besitzen, die sie als Kraftquelle verstehen und einsetzen. *Es muss in dir brennen, was du in anderen entzünden willst*, wusste schon Augustinus, der damit den Kern der Sache trifft.

Für uns ist es also nicht egal, welche Aufgabe wir gemeistert haben. Damit wir Erfolgserlebnisse empfinden, müssen uns die Aufgaben herausfordern. Aufgaben, die jeder lösen kann, verschaffen kaum Befriedigung. Deshalb entscheiden sich die meisten – wie viele Untersuchungen und Experimente bestätigen – für die gelbe Frage, bei der die Möglichkeit von Erfolg bzw. Misserfolg ungefähr gleich verteilt ist.

Fragen Sie sich nun, warum sich nicht die meisten für die rote, also die schwierigste Frage entscheiden? Da ist doch die Herausforderung am größten. Also müsste auch die Motivation am stärksten sein. Das ist ein Trugschluss, denn die rote Frage wird von den meisten als Überforderung empfunden und deshalb nicht gewählt.

Wir können davon ausgehen, dass die Zielsetzung sowohl von der Erfolgswahrscheinlichkeit als auch vom Erfolgsanreiz abhängt. Eine rote, also extrem schwierige Frage bietet zwar einen sehr hohen Erfolgsanreiz, bleibt aber für die meisten unattraktiv und löst keine Motivation aus, weil die Erfolgswahrscheinlichkeit zu gering ist.

Bei der weißen Frage ist es umgekehrt. Da sie mit beinahe

100-prozentiger Sicherheit zu schaffen ist, löst sie keinerlei Erfolgsanreiz und damit auch keine Motivation aus. Unser Einsatz für ein Ziel ist dann am größten, wenn es sich um mittelschwere bis schwere Aufgaben handelt, bei denen sowohl Erfolg als auch Misserfolg möglich sind. Diese Aufgaben werden von uns als anspruchsvoll empfunden. Es sind jene Tätigkeiten, die uns reizen und herausfordern, weil wir sie als realisierbar einschätzen und wissen, dass wir sie schaffen können, wenn wir uns sehr anstrengen.

Allerdings: Die Definition des Schwierigkeitsgrades einer Aufgabe erfolgt immer individuell. Die Aufgabe, die objektiv einen gewissen Schwierigkeitswert aufweist, gibt es nicht. Eine Tätigkeit wird nämlich in der Motivationspsychologie niemals isoliert betrachtet, sondern immer nur im Kontext mit den Möglichkeiten jener Person, die diese Aufgabe zu lösen versucht.

Daher ist es auch eine der wichtigsten, zugleich aber auch schwierigsten Forderungen, sich realistische Ziele zu setzen bzw. mit Mitarbeitern zu vereinbaren. Im gleichen Atemzug muss aber darauf hingewiesen werden, dass genau diese Forderung nach realistischen Zielen oft als Ausrede benutzt wird. Viele Menschen schieben die Ansicht vor, dass bestimmte Vorhaben für sie nicht realisierbar wären, um sich so von vornherein auszureden, dass sie es doch tun könnten.

An diese Selbstmanipulation gewöhnt man sich schnell. Genauso, wie man sich an die Mittelmäßigkeit gewöhnt. Haben Sie den Mut, Ihre Ziele etwas höher und anspruchsvoller zu formulieren. Wir wissen erst dann, was in uns steckt, wenn wir es wirklich herausgeholt haben! Lassen Sie Änderungen in ihrem Leben zu, tun Sie immer wieder mal was Neues. Halten Sie es mit Michelangelo (Sie erinnern sich bestimmt an das Zitat zu Beginn dieses Kapitels auf Seite 34).

3.3 Konsequent bei der Sache bleiben – Eine Frage der Motivtendenz

Das dritte Faktorenpaar schließlich ist dafür verantwortlich, ob eine Person konsequent an einer Aufgabe arbeitet und diese hartnäckig verfolgt oder ob sie nach einigen Versuchen rasch aufgibt. Sie kennen wahrscheinlich Menschen, die vieles beginnen, aber kaum etwas wirklich zu Ende führen. Da kaufte etwa jemand, als Golf in Mode kam, eine nagelneue, vollständige Golfausrüstung. Doch schon nach wenigen Spielversuchen klang die Euphorie ab, bis die Begeisterung schließlich ganz verschwand und das teure Gerät in einer Ecke abgestellt wurde.

Wahrscheinlich kennen Sie auch Leute, die in den letzten Jahren nichts Neues gelernt oder unternommen haben und Ihnen sehr ausführlich erklären können, wieso dies gerade für sie nicht möglich ist. Das sind vielleicht auch jene, die Ihnen ganz genau sagen können, wie lange es noch bis zu ihrer Pensionierung dauert.

Dieses Verhalten hat vor allem mit der Motivtendenz dieser Personen zu tun. In vielen Forschungen wurde nämlich entdeckt, dass es grundsätzlich zwei verschiedene Motivtendenzen gibt, die unterschiedliche Auswirkungen auf unser Verhalten haben.

Auch hier möchte ich Ihnen einen einfach durchzuführenden Selbsttest anbieten, den ich entwickelt habe, um einige Hinweise auf die jeweilige Motivtendenz zu erhalten. Sie finden in der Folge je zwölf Aussagen, die jeweils als Gegensatzpaare zu verstehen und auf einer siebenteiligen Skala zu bewerten sind. Lesen Sie sich diese in Ruhe durch und überlegen Sie, wie diese auf Sie und Ihr tägliches Handeln zutreffen. Wie bei vielen anderen Tests dieser Art ist es wichtig, dass

Sie nicht theoretisch richtig antworten, sondern dass Sie so antworten, wie es Ihrem tatsächlichen Verhalten entspricht.

Hier kann Ihnen helfen, wenn Sie sich bei jeder Beurteilung fragen, woran ein Beobachter erkennen könnte, dass Sie sich tatsächlich so verhalten. Stellen Sie sich vor, Ihr Partner und ein guter Freund, eine gute Freundin würden Ihnen beim Beantworten über die Schulter schauen. Wenn sie nicken, dann machen Sie weiter, schütteln sie aber den Kopf, dann überlegen Sie sich vielleicht Ihre Bewertung nochmals.

Selbsttest – Meine vorherrschende Motivtendenz

Entscheiden Sie, welche der beiden Aussagen Ihre Persönlichkeit besser beschreibt, genauer trifft, und legen Sie sich auf einen der möglichen Werte auf der siebenteiligen Skalierung fest. Versuchen Sie sich dabei auf konkrete Erfahrungen zu stützen.

	7	6	5	4	3	2	1	
Bei dem, was ich tue, gehe ich immer wieder ein gut kalkulierbares Risiko ein								Bei dem, was ich tue, gehe ich lieber auf Nummer sicher
Ich setze mir regelmäßig eigene Ziele oder versuche an der Zielgestaltung mitzuwirken								Ich brauche keine Ziele, um zu wissen, was ich zu tun habe. Ziele erzeugen Stress
Ich bevorzuge Aufgaben, die einen gewissen Neuigkeitswert aufweisen und Initiative und Kreativität verlangen								Ich arbeite lieber an bekannten Aufgaben, die ich mit meiner Erfahrung gut erledigen kann
Ich bevorzuge Aufgaben, im mittleren Schwierigbereich oder knapp darüber, die ich erreiche, wenn ich mich anstrenge								Mich motivieren vor allem Aufgaben, von denen ich sicher weiß, dass ich sie schaffen kann oder sehr, sehr schwierige

	7	6	5	4	3	2	1	
Wenn ich richtig in einer Arbeit bin, vergesse ich Zeit und Raum. Unterbrechungen stören mich dann sehr								Für Störungen und Unterbrechungen habe ich Verständnis, sie stören mich nicht
Ich bevorzuge Arbeitssituationen, in denen ich selbstständig und eigenverantwortlich arbeiten und entscheiden kann								Ich bevorzuge Arbeitssituationen, die klare Vorgaben und Reglemente aufweisen, die möglichst standardisiert durchzuführen sind
Ich brauche neben der eigenen Beurteilung meiner Arbeit auch Feedback von außen, also eine Fremdbeurteilung								Mir genügt meine eigene Beurteilung, denn ich weiß, was ich kann und was meine Arbeit wert ist
Ich erlebe auch Enttäuschungen, versuche aber meistens rasch rauszufinden, aus welchen Gründen es nicht geklappt hat								Wenn etwas nicht funktioniert, brauche ich lange, um aus dem Misserfolgserlebnis herauszukommen und mich neu zu motivieren
Wenn ich etwas sehr gut gemacht habe, weiß ich, dass es hauptsächlich an meiner Leistung und Einstellung gelegen hat								Wenn ich etwas gut gemacht habe, denke ich öfter «Glück gehabt» oder «das war doch sehr einfach» oder «das kann ja jeder»
Ich bin eher aktiv und suche mir immer wieder neue Betätigungen								Ich lasse auch Dinge auf mich zukommen. Mit der richtigen Zeit kommen auch die richtigen Antworten
Kritik sehe ich meistens als Möglichkeit, etwas dazuzulernen								Wenn möglich drücke ich mich vor Kritik, weil sie meist unsachlich vorgebracht wird
Für meine Ideen exponiere ich mich auch gegen eine Mehrzahl anderer Meinungen								Ich treffe meine Entscheidungen eher leise und kann sie auch gut für mich behalten

Sie haben nun alle zwölf Gegensatzpaare beurteilt und bewertet. Zählen Sie die Punkte zusammen und tragen Sie die Gesamtsumme ein.

Meine Punkteanzahl: ____

In vielen Untersuchungen zum Thema Motivation wurde deutlich, dass bei Menschen grundsätzlich zwei verschiedene Motivtendenzen ausgeprägt sein können. Die einen sind überwiegend durch die Hoffnung auf Erfolg geleitet, die anderen durch Angst vor Misserfolg. Was sie erleben, wenn sie erfolgreich bzw. erfolglos sind, und welche Faktoren sie für das Ergebnis verantwortlich machen, das sind die beiden wesentlichen Unterschiede.

Zwei Komponenten – Erfolg und Misserfolg

	Erfolgssucher	**Misserfolgsmeider**
Gefühl bei Erfolg	Erfolgserlebnis	Erleichterung
Gefühl bei Misserfolg	Enttäuschung	Misserfolgserlebnis

Während Erfolgssucher sich im positiven Fall ein aufbauendes und motivierendes Erlebnis zugute halten können, sind Misserfolgsmeider erleichtert, ziehen aus ihrer Handlung keine Motivation und machen zudem eher die *Umstände* für den guten Ausgang verantwortlich. *Glück* gehabt, ist da eine typische Erklärung.

Der Erfolgssucher hingegen weiß zwar auch, dass er Glück benötigt, die Leistung führt er aber zu einem wesentlichen Teil auf seine Kompetenz und seinen Einsatz zurück. Daher steigt mit jedem Erfolgserlebnis auch das individuelle Anspruchsniveau, möchte der Erfolgssucher nach jeder Leistung noch etwas besser werden.

Bei Misserfolgen hingegen empfindet er Enttäuschung. Es wird ihm klar, dass er etwas falsch gemacht haben könnte. Dazu mischt sich immer wieder Emotion, auch im Sinne von Ärger, aber nach kurzer Zeit gewinnt das rationale Denken wieder die Oberhand. Die entsprechende Frage, die sich Erfolgssucher dann stellen, lautet: *Inwiefern muss die Strategie verändert werden, damit beim nächsten Mal das Vorhaben gelingt?* Die Erfolgssucher sehen sich auch nicht selbst als den hauptverantwortlichen Faktor für das Scheitern. Hier werden viele andere Faktoren in die Analyse eingebunden, etwa die besondere Situation und das soziale wie wirtschaftliche Umfeld, die handelnden Personen und die Vorbereitung.

Das Misserfolgserlebnis, das Misserfolgsmeider bei ihrem Scheitern haben, entspricht durchaus einer *sich selbst erfüllenden Prophezeiung*. Der klassische Misserfolgsmeider geht nämlich davon aus, dass sein Vorhaben nicht klappen wird. Die Hauptursache sieht er in seiner mangelnden Kompetenz. Bestimmt können Sie sich gut vorstellen, wie schwer diesen Menschen eine aktive Rolle fällt. Deshalb nennt man sie auch *lageorientiert*, während Erfolgssucher als *handlungsorientiert* gelten. Damit ist die jeweilige Motivtendenz verdeutlicht.

Eine genauere Beschreibung dieser beiden unterschiedlichen Typen finden Sie in der Auswertung des Selbsttestes, den Sie vorhin durchgeführt haben. Nehmen Sie ihn nicht als wissenschaftliches Ergebnis, sondern sehen Sie ihn als eine Art Spiegel, in den Sie schauen können und fragen Sie sich, ob diese Charakterisierung mit Ihrer Selbsteinschätzung bezüglich Ihres Verhaltens übereinstimmt.

Meine vorherrschende Motivtendenz – Auswertung

Als Erweiterung zum wissenschaftlichen Ansatz, der grundsätzlich nur zwei Motivtendenzen kennt, habe ich für die Auswertung auch zwei Mischtypen definiert. In meinen Seminaren und Vorträgen bestätigte sich nämlich immer wieder, dass viele Menschen weder genau das eine noch das andere Extrem verkörpern, sondern in der Mitte zwischen beiden Extremen liegen. Für Ihre Auswertung ist nun die Gesamtpunkteanzahl, die zwischen 12 und 84 liegt, wichtig. So können Sie Ihr Verhalten im Wesentlichen mit einem der vier dargestellten Formen vergleichen.

84 bis 70: Sie sind ein klassischer Erfolgssucher

Sie sind ein sehr selbstbewusster, sehr aktiver Mensch und suchen förmlich Ihren Erfolg. Ihre Ziele entsprechen Ihren Fähigkeiten, was darauf schließen lässt, dass Sie ein realistischer Mensch sind (im Gegensatz zum reinen Optimisten bzw. Pessimisten). Sie finden Aufgaben mittlerer Schwierigkeitsgrade und/oder knapp darüber am attraktivsten. Das kann man auf Ihr Bestreben zurückführen, persönlich relevante Informationen zu erhalten bzw. Erkenntnisse über sich selbst zu gewinnen. Es wird Ihnen auch öfter passieren, dass Sie sich dabei Ihre *Hörner blutig schlagen*. Über Ihre Aktivitäten wünschen Sie sich unmittelbare Erfolgsrückmeldungen, was sich öfter in Wettbewerbsgedanken widerspiegelt. Sie spielen gerne, gegen sich selbst und auch gegen andere. Sie sind stärker hoffnungsorientiert als furchtorientiert, was erklärt, dass Sie neue Aufgaben meist als Chancen und Herausforderungen sehen. Für Ihren Erfolg machen Sie Ihre eigenen Fähigkeiten, Ihre Anstrengungsbereitschaft und Ihre innere Einstellung verantwortlich. Sie gelten in Ihrer Familie sowie in Ihrem Freundes- und Bekanntenkreis als sehr konsequent, manchmal vielleicht auch als verbissen. Sie haben permanent Ziele im Kopf und arbeiten sehr hart daran, diese zu realisieren.

Es ist Ihnen aber auch klar, dass die jeweilige Situation ebenfalls einen Erfolgsfaktor darstellt. Daher wissen Sie auch, dass Sie immer wieder mal Schiffbruch erleiden werden. Das hat zwar eine kurzfristige Enttäuschung zur Folge, die aber recht schnell der Frage weicht, was Sie beim nächsten Mal anders machen müssen. Dies erklärt zum Teil auch, warum Sie freiwillig leistungsorientierte Tätigkeiten unternehmen, wenn sich die Gelegenheit dazu ergibt.

69 bis 55: Sie sind ein Erfolgssucher-Mischtyp

Sie gleichen im Grunde dem klassischen Erfolgssucher. Es gibt jedoch immer wieder Phasen, in denen Sie eher skeptisch sind und Ihre Fähigkeiten auch in Frage stellen. In diesen Phasen meldet sich ein kleiner Misserfolgsmeider in Ihnen, der aber meist durch Ihre Aktivitäten, Ihr Selbstvertrauen und Ihren Mut zurückgedrängt wird. Sie sind ein sehr ausgeglichener Typ, da zu Ihrem Suchen nach Erfolg auch eine gesunde Portion Vorsicht und Langsamkeit kommt. Das schützt Sie davor, sich öfter zu verletzen *(Hörner blutig schlagen)*. Wie der klassische Erfolgssucher sind auch Sie in Ihrem Leben sehr erfolgreich und wissen, dass es zum größten Teil an Ihnen liegt, was geschieht. Im Unterschied zum klassischen Erfolgssucher müssen Sie es aber nicht mehr der ganzen Welt beweisen, was Sie können. Sie gelten als ruhiger, ausgeglichener Typ, der viel weiterbringt, aber nicht überall dabei sein muss.

54 bis 41: Sie sind ein Misserfolgsmeider-Mischtyp

Sie sind ein sehr vorsichtiger, eher unsicherer Mensch und tendieren im Grunde eher zum Verhalten des Misserfolgsmeiders. Es kommt jedoch immer wieder vor, dass sich auch ein kleiner Erfolgssucher in Ihnen meldet.

Dann starten Sie manchmal auch wieder neue Vorhaben und sind danach öfter überrascht, dass das Ganze doch funktioniert hat. Trotzdem bleiben Sie Neuerungen und Veränderungen gegenüber sehr skeptisch eingestellt. So behält auch meist Ihr stärkerer Typ, Ihr Misserfolgsmeider, die Oberhand. Sie trauen sich noch immer zu wenig zu und riskieren zu selten etwas Neues. Sie denken sehr oft, dass die meisten Dinge ohnehin vorgegeben sind und ohne Ihr Zutun passieren. In Ihrer Familie sowie Ihrem Freundes- und Bekanntenkreis gelten Sie als eher passiver Mensch, den man zu einer bestimmten Aktivität überreden kann, wenn man sehr gute Argumente und eine gehörige Portion Ausdauer mitbringt.

40 bis 12: Sie sind ein klassischer Misserfolgsmeider

Ihre innere Einstellung ist auf Misserfolg vorprogrammiert. Sie sind unsicher und sehr passiv, was mit Ihrem geringen Selbstwertgefühl zusammenhängt. Sie trauen sich nicht wirklich viel zu und sehen die Dinge meist pessimistisch. Sie haben Angst vor Misserfolg, den Sie bei der Ausführung einer Aufgabe eher erwarten als den Erfolg. Die negativen Erlebnisse eines Misserfolges bedrücken Sie stärker, als die positiven Erlebnisse eines Erfolges Sie freuen. Ein Misserfolg hat sehr große Auswirkungen auf Sie und Ihr emotionales Befinden. Sie brauchen daher auch sehr lange, bis Sie sich wieder motivieren können, etwas zu tun. Daher bevorzugen Sie auch Aufgaben, die entweder ganz einfach sind, so dass ein Misserfolg beinahe ausgeschlossen ist, oder die so schwierig sind, dass Ihnen niemand ein Versagen vorwerfen kann.

Sie sind stärker furchtorientiert als hoffnungsorientiert. Vor Rückmeldungen drücken Sie sich gerne, weil Sie sich fürchten, etwas Negatives zu hören. Sie fühlen sich bei neuen Aufgaben unwohl und versuchen diesen auszuweichen. Wenn Sie Erfolg haben, denken Sie oft, das wäre eine Sache des Glücks gewesen. Wenn Sie einen Misserfolg erleiden, machen Sie vor allem die Schwierigkeit der Aufgabe sowie Ihre mangelnde Kompetenz verantwortlich und zum anderen eine unbeeinflussbare Situation, in der Sie glauben, immer nur Pech zu haben.

Was Sie konkret zu tun vermögen, um Ihnen selbst oder Ihren Mitarbeitern eine Verhaltensänderung zu ermöglichen, können Sie dann im Umsetzungsteil dieses Buches erfahren. Für jetzt ist es wichtig, dass Sie wissen und verstehen, aus welchen Zutaten der beste Motivationscocktail gemixt ist. Um aber auch zu erkennen, was geschieht, wenn jemand diesen trinkt, also was passiert, wenn jemand motiviert ist, braucht es noch eine weitere wichtige Information. Ich möchte Ihnen noch zeigen, was dieser Motivationscocktail auslöst und wie der Motivationsprozess abläuft. Haben Sie noch Lust darauf, zu erfahren, wie sich Spannung und Motivation in Ihnen aufbauen, sich als Energie entladen und Ihnen ein absolut tolles Gefühl geben können?

4. Es tut sich was in uns – Der Motivationsprozess

Es gehört oft mehr Mut dazu, seine Meinung zu ändern, als ihr treu zu bleiben.

Friedrich Hebbel

Es ist nicht zu übersehen, wenn Menschen motiviert an eine Tätigkeit herangehen. Es tut sich dermaßen viel im Organismus, dass man hoch motivierte Leute eindeutig von anderen, weniger motivierten unterscheiden kann. Nicht nur dadurch, dass motivierte Personen genau jene Handlungen setzen, die letztlich nach oft vielen Versuchen zum gewünschten Resultat führen.

In motiviertem Zustand werden einige Körperfunktionen verändert, die mit Hilfe der modernen medizinischen Technik gemessen und beschrieben werden können: die Zirkulation des Blutes, Atmungsintervalle, die Herzfrequenz. Die Hautporen vergrößern sich ebenso, wie sich die Konsistenz des Blutes ändert.

Achten Sie auf die Körpersprache der Menschen in Ihrem Umfeld. Motivierte Personen erkennen Sie daran, dass sie eine sehr aufrechte Körperhaltung haben, die ihre innere Spannung auch äußerlich sichtbar macht. Die Pupillen sind größer, die Mundwinkel zeigen zumindest leicht nach oben. Insgesamt lässt sich feststellen, dass diese Menschen mit ihrem ganzen Körper sehr aufmerksam sind. All diesen physischen Veränderungen liegt ein biochemischer Vorgang zugrunde, den ich Motivationsprozess nenne.

Um Ihnen von diesem Prozess ein besseres Bild zu geben,

stellen wir den zeitlichen Verlauf als Kurve grafisch dar. Doch bevor ich das tue, hätte ich gerne, dass Sie überlegen, wie diese Linie aussehen könnte. Was denken Sie? Nehmen Sie sich einige Augenblicke Zeit.

Sie finden hier gleich ein Koordinatensystem, in das Sie Ihre Kurve des Motivationsprozesses eintragen können. Die Querachse (X-Achse; nach rechts verlaufend) stellt die Zeitachse dar, in der Motivation stattfindet. Sie zeigt also, wie lange ein motivierter Zustand andauert. Die zweite, die Vertikalachse (Y-Achse; nach oben verlaufend) stellt den Leistungsaspekt dar und misst, welche Leistung jemand zu erbringen im Stande ist, wenn er *motiviert* ist. Überlegen Sie sich, ob es sich hier um eine Gerade oder um eine Kurve handelt und wie dieser für unser Verhalten so wichtige Prozess verläuft. Zeichnen Sie Ihr Ergebnis ein, bevor Sie umblättern.

Der Motivationsprozess grafisch dargestellt

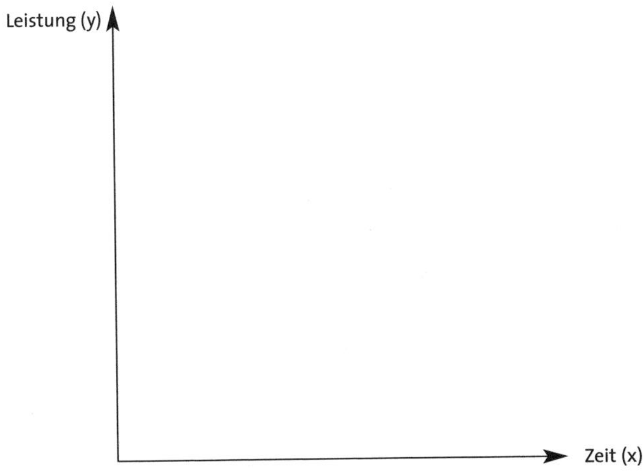

Wenn Sie eine Gerade oder eine Kurve gezeichnet haben, dann sind Sie jetzt besonders gespannt darauf, wie diese Linie tatsächlich aussieht. Es ist auch anzunehmen, dass Sie ausreichend motiviert waren, darüber nachzudenken. Daher empfinden Sie jetzt auch diese gewisse Spannung. Das ist das Hauptmerkmal des Motivationsprozesses, den ich nämlich als einen Spannungsbogen darstelle. Dementsprechend sieht auch die Kurve aus, die im Sinne einer Welle gezeichnet werden muss.

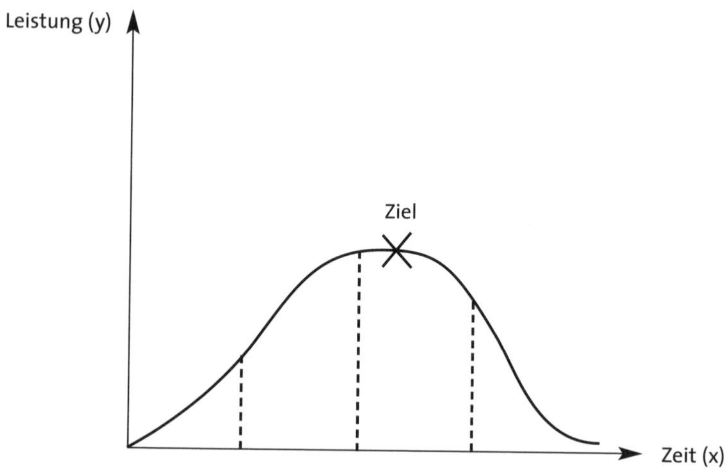

Durch die Darstellung des Motivationsprozesses als Welle wird mit einem Blick klar, worauf es dabei ankommt und dass sich vier verschiedene Phasen entwickeln.

Eindeutig erkennbar ist auch die entscheidende Bedingung, damit dieser Prozess so abläuft, wie er dargestellt ist, nämlich das einer Handlung zu Grunde liegende Ziel. Dieses Ziel hat sowohl eine Art Kick-off-Funktion, startet also den Prozess mit, als auch eine Beschleunigungsfunktion.

Nun denken Sie wahrscheinlich, dass jeder menschlichen Handlung ein Ziel zu Grunde liegt. Sie haben völlig Recht damit. Aus der Verhaltenspsychologie wissen wir, dass es keine zufälligen Aktivitäten gibt. Es steckt immer ein Ziel und eine besondere Absicht dahinter, wenn wir etwas tun.

Die Frage ist aber, ob das der handelnden Person auch bewusst ist. Oft erkennen wir nicht, welche Absichten und Wünsche, Sehnsüchte und Antriebe oder Befürchtungen und Ängste hinter unseren Handlungen stehen. Manchmal wollen wir es auch gar nicht wissen, und wir verdrängen oder verschieben diese Absichten. Wir können also festhalten, dass jedes Verhalten eines Menschen immer auch einen Weg zu einem Ziel darstellt. Es gibt eben kein effizientes Verhalten ohne Ziel! Dies gilt auch dann, wenn das Motiv oder das Ziel der agierenden Person unbewusst bleiben.

Um die Möglichkeiten des Motivationsprozesses voll nutzen zu können, bedarf es aber eines bewussten, konkreten Zieles. Es muss eine kognitive Auseinandersetzung mit dem Zweck und dem Ergebnis der beabsichtigten Handlung stattgefunden haben. Über Zieldefinitionen oder – wie schon ausführlich beschrieben – über die Vorstellung von sehr konkreten Ereignissen kann der Prozess beeinflusst werden.

Allerdings weist meine Darstellung dieses Prozesses auch eine Schwäche auf. Es könnte nämlich der Eindruck entstehen, dass es jeweils nur eine solche Welle in unserem Organismus gibt. Tatsächlich laufen aber permanent viele solcher Wellen – zumindest ihre ersten Phasen – in uns ab. Denken Sie nur an eine alltägliche Arbeitssituation in Ihrem Büro. Stellen Sie sich vor, Sie beschäftigen sich seit ungefähr einer Stunde mit einer bestimmten Tätigkeit.

Zunächst war Ihre Konzentration noch sehr hoch. Doch

nach und nach kommt Ihnen auch anderes in den Sinn. So könnte ein besonderes Stichwort einen anderen beruflichen Gedankengang auslösen, der Sie veranlasst, eine Notiz vorzunehmen und danach wieder am ursprünglichen Thema weiterzuarbeiten. Sie könnten auch daran denken, endlich einen Kaffe trinken zu gehen oder sich Ihre Jause zu gönnen. Sie könnten daran denken, dass Sie für Ihren heutigen Hobby-Abend noch die eine oder andere Person anrufen müssen. Oder es fällt Ihnen ein, was Sie alles heute noch erledigen müssen usw. usf.

All diese Gedanken repräsentieren potenzielle Motivationsprozesse, die gleichzeitig laufen können. Sobald Sie an diese Themen denken, sich mit Ihnen kognitiv auseinandersetzen, sind diese Prozesse einmal gestartet. Das heißt aber noch lange nicht, dass diese Ideen auch tatsächlich realisiert werden. Sie könnten sich natürlich auch dafür entscheiden, die Notiz erst später zu machen, auf den Kaffee und die Jause zu verzichten, und sich darauf verlassen, dass die notwendigen Telefonate für Ihren Hooby-Abend jemand anderer aus Ihrer Runde führt. Wie das nun konkret bei Ihnen sein wird, hängt zum einen wieder mit Ihrer Zielvorstellung, die wir bereits besprochen haben, und zum anderen vom Konkretisierungsgrad der Vorstellung zusammen. Vage Vorstellungen brauchen sehr lange, um aus einem Wellental zu steigen. Konkrete Vorstellungen hingegen tragen durch ihre Klarheit eine erhöhte Umsetzungstendenz in sich. Unser inneres System startet jene Wellen, die aktuell auch erfolgreich umgesetzt werden können. Dabei bildet sich bei mehreren verschiedenen Optionen eine Hierarchie heraus, die freilich sehr flexibel ist. So kann ein Vorhaben, zum Beispiel die Telefonate mit Ihren Partnern aus der Hobby-Runde, immer wieder aufgeschoben werden, weil kurzfristige Ziele neu gestartet werden (müssen), denen Sie entweder eine größere Bedeutung (Anreiz) beimessen (müssen) oder die eine erhöhte Aussicht auf Erfolg aufweisen (Erfolgswahrscheinlichkeit). Betrachten wir die einzelnen Phasen sowie Funktion und Bedeutung des Zieles für diesen Prozess näher.

1. Phase: Ein notwendiger Kick-off

Gleich einem alten Motorrad, das zum Anlassen einen Kick-Starter hat, braucht auch der Motivationsprozess ein *Ereignis*, das als Auslöser dient. Diese Funktion übernehmen unsere Motive. Sie sind ein theoretisches Konstrukt hinsichtlich Beweggrund, Antrieb, Ursache und Zweck des menschlichen Verhaltens.

Das Motiv bezieht sich dabei auf den Ablauf, das Ziel und vor allem auch auf die Intensität der konkreten Handlung. Das macht sich insbesondere die Kriminalpsychologie zunutze. Wann immer ein schweres Verbrechen aufzuklären oder ein Täterprofil zu erstellen ist, wird versucht, eine Antwort aus dem der Handlung zu Grunde liegenden Motiv zu finden. Hat man erst das Motiv, dann wird die Suche nach dem Täter bzw. die Aufklärung der Tat um vieles einfacher.

Alle alltäglichen Handlungen werden durch die Motive gesteuert. Nun können Sie sich fragen, welche Rolle die menschlichen Bedürfnisse im Motivationsprozess spielen. Sie bilden die Basis und stellen die Grundlage zur Ausbildung unserer Motive dar. Wie wir später bei der Bedürfnishierarchie sehen werden, handelt es sich dabei nicht um viele einzelne, sondern jeweils um Bedürfnisgruppen.

In der Startphase des Motivationsprozesses geht es also darum, dass ein Bedürfnis oder ein Motiv aktuell aktiviert wird. Dies geschieht sehr oft von allein, nämlich immer dann, wenn sich in unserem Organismus ein bestimmtes Defizit äußert, etwa dann, wenn unsere Grundbedürfnisse nicht befriedigt sind. Für viele Menschen trifft zu, dass in ihrem Leben das meiste eher zufällig passiert. Manche haben sogar Glück, und das Richtige geschieht zur rechten Zeit. Für die meisten aber gilt, dass sie zwar etwas tun, aber nichts bewegen, dass sie zwar handeln, aber nicht wirklich vorankommen.

Von diesen Leuten sind dann sehr oft Aussagen wie: *Es kommt, wie es eben kommt,* oder: *Es hat ja sowieso alles keinen Sinn,* oder auch: *Gegen das Schicksal kann man sowieso nichts machen,* usw. zu hören. Und die letzte Aussage stimmt tatsächlich. Gegen Ihr *Schicksal* können Sie wirklich nichts tun. Aber Sie können Ihr *Schicksal* steuern. Zumindest die große Richtung können Sie Ihrem *Schicksal* geben. Das verlangt aktive Handlungen, die freilich nur dann zu vollbringen sind, wenn Sie höchst motiviert sind.

Wenn ich davon spreche, sich selbst oder andere zu motivieren, dann hat das nichts mit zufälligen Handlungen zu tun. Es hat nichts mit Glück zu tun, wie wohl wir Glück für erfolgreiches Handeln brauchen. Motiviertes Handeln hat viel mehr mit gezielten Aktivitäten zu tun, die auf einen konkreten und bewussten Endzustand ausgerichtet sind. Wenn Sie also im Lotto einen hohen Gewinn machen, dann ist dieses Ereignis weniger auf Ihre Motivation zurückzuführen als auf Ihr Glück und den Zufall, der die Zahlen verteilt hat. Auch dann, wenn Sie sich sagen: *Ja, aber, hätte ich nicht so oft davon geträumt und hätte ich nicht so konsequent gespielt, dann hätte ich nicht gewonnen.* Wahr in diesem Gedanken ist, dass Sie nicht gewonnen hätten, hätten Sie keinen Schein aufgegeben.

Motivation bedeutet immer, Handlungen zu setzen, die

man selbst direkt beeinflussen kann, es bedeutet *Pro*-Aktiv zu sein. Diese von Viktor Frankl beschriebene Verhaltensweise bedeutet, dass jeder Mensch selbst für sein Leben verantwortlich ist. Unser Verhalten ist eine Funktion unserer Entscheidungen, nicht der vorhandenen Umfeldbedingungen. Motiviertes Handeln bedeutet, zu spüren, dass Sie es selbst in der Hand haben, was geschehen wird. Beim Lottospielen wird Ihnen eine hohe Motivation nicht schaden, sie wird Ihnen aber auch nicht die sechs Richtigen bescheren, da Sie es eben nicht in der Hand haben, welche Zahlen gezogen werden.

Es gibt tatsächlich Ereignisse im Leben eines Menschen, die völlig unerwartet eintreffen, wie ein Faustschlag mitten ins Gesicht, und die wir nicht beeinflussen können. Selbst in so einem Fall bleiben Ihnen Alternativen, können Sie doch selbst entscheiden, wie Sie mit so einer besonderen Situation umgehen. Sie selbst entwerfen die Bilder, die sich in Ihrem Gehirn festsetzen, und Sie selbst wählen die Worte, mit denen Sie diese Situation beschreiben.

Hier könnte Ihnen folgender Gedanke weiterhelfen: Sie haben nicht immer die Wahl, was Sie tun (müssen) oder was sich in Ihrem Leben ereignet, aber Sie haben immer die Wahl, wie Sie mit diesen Ereignissen umgehen. Es ist immer Ihre Entscheidung, wie Sie diese Vorkommnisse bewerten, welchen Stellenwert Sie ihnen beimessen! Sie selbst sind es, der eine bestimmte Situation als großartig oder als hoffnungslos definiert. Es sind Ihre Worte, Ihre Gedanken und vor allem Ihre Gefühle, die Sie mit bestimmten Zuständen verbinden, die Ihrem Gehirn das entsprechende Bild vermitteln. Und dieses Bild wiederum erzeugt Ihr Verhalten.

Sie kennen bestimmt Menschen, die sich in eine Sache so

richtig hineinsteigern können und zu einem bestimmten Vorfall derart hohe Emotionen entwickeln, dass sie aus dieser Situation kaum mehr herauskommen, nicht loslassen können, weil sie ständig darüber reden.

Sie kennen aber bestimmt auch jemanden, dem das *Schicksal* vielleicht übel mitgespielt hat und der aus dieser Situation gestärkt hervorgegangen ist. Das gelingt Menschen, die sich bewusst dafür entscheiden, dem konkreten, zunächst als sehr negativ bewerteten Ereignis auch eine andere Bedeutung zu geben. Die ihren Blickwinkel immer wieder ändern und darüber nachdenken, welche die Kehrseite der Medaille darstellt. Diese Leute finden die entsprechenden Antworten auch und können sich dadurch lösen und befreien. Das soll nicht heißen, dass es nicht günstig wäre, besondere Situationen zu besprechen. Im Gegenteil, Reden ist ja eine Form der Therapie! Bedeutend dabei ist die Wahl Ihrer Worte, das heißt welche Begriffe Sie für welche Geschehnisse verwenden und welche Emotionen dadurch ausgelöst werden.

Können Sie sich noch an das Experiment erinnern, das wir zu Beginn dieses Buches durchgeführt haben? Ein Brett, der Grand Canyon und 1600 Meter? Erinnern Sie sich auch noch an das Fazit dieser Übung? Richtig: Es sind Ihre Vorstellungen, die Ihr Verhalten steuern. Das bedeutet grundsätzlich, dass alles, was Sie sich in Ihrem Kopf vorstellen können, potenziell auch möglich ist. Auch wenn Sie selbst zunächst noch viele rationale Argumente finden, die dagegen zu sprechen scheinen. Sobald aber diese ersten Gedanken über ein bestimmtes Ereignis vorhanden sind, ist der Motivationsprozess gestartet. Die Welle beginnt sich aufzubauen, und somit entsteht die Spannung, aus der letztlich Energie geschöpft wird.

Der Kick-off des Motivationsprozesses ist umso stärker,

je emotionaler das Ziel für Sie besetzt ist. Haben Sie sich schon einmal überlegt, wie es Ihnen gelingen könnte, Ihre Vorstellungen emotional weiter zu verstärken?

Seit Sigmund Freud wissen wir um die Bedeutung des Lustprinzips. Demnach untersteht unsere gesamte psychische Aktivität und damit unser vollständiges Handeln dem Ziel, sich Lust zu verschaffen und Unlust bzw. Schmerz zu vermeiden. Das bedeutet, unser grundsätzliches Verhalten steuert auf Lustgewinn und Schmerzvermeidung hin.

Stellen Sie sich eine Person vor, die morgens sehr früh aufwacht und sich überlegt, ob sie joggen soll. Nennen wir diese Person Karl. Karl wird also munter und denkt sich: *Eigentlich sollte ich laufen gehen.* Damit hat er bereits eine erste Einschränkung gemacht, denn das Wort *eigentlich* lässt andere Alternativen zu. Karl steht auf, zieht den Vorhang etwas zur Seite und blickt aus dem Fenster. Er sieht, dass es leicht regnet. Eigentlich hasse ich es, im Regen zu laufen, denkt er. Außerdem werden die Schuhe immer so verschmutzt, und ich hasse es auch, Schuhe zu putzen, denkt Karl weiter. Er blickt auf seinen Wecker. Wenn ich heute nicht laufe, könnte ich noch eine ganze Stunde schlafen.

Dieser Gedanke vermittelt ihm ein sehr angenehmes Gefühl. Das warme Bett, noch ein bisschen Träumen und dann in Ruhe ein gutes Frühstück. Karl überlegt nicht weiter, er zieht den Vorhang wieder zu und legt sich wieder hin. Er hat seine Entscheidung durch einige vordergründig Lust gewinnende Argumente unterstützt. Und den Schmerz, den er erleben wird, wenn ihn seine Kollegen fragen, ob er heute laufen war, kann er immerhin mit den Argumenten *Regenwetter* und *Schmutz* stark verringern. Außerdem hat Karl schon Routine bei diesem Prozess, denn seine Entscheidungsfindung läuft immer nach dem gleichen Prinzip ab. Den Schmerz, den die Anzeige auf Karls Waage erzeugen würde, spürt Karl nicht, denn die Waage benützt er nicht mehr, seit er über 100 Kilogramm schwer ist!

Wir können diese Methode aber auch anders einsetzen, so nämlich, dass wir jene Aktivitäten, die wirklich gut für uns wären, auch konsequent durchführen. Dafür müssen wir unsere Ziele mit starken positiven Emotionen besetzen, die uns Lustgewinn erwarten lassen. Zugleich müssen wir aber auch für die nötigen schmerzlichen Emotionen sorgen, wenn wir die Handlung nicht realisieren. So könnte Karl also am Fenster stehen und folgende Gedanken zulassen: Es regnet, da ist es besonders herausfordernd. Meine Kollegen werden Augen machen, wenn ich ihnen erzähle, dass ich trotzdem gelaufen bin. Und wenn ich es nicht tue? Wenn ich einmal wegen etwas Regen eine Ausnahme mache, dann verliere ich meine Konsequenz. Das will ich nicht, denn das ist eine meiner Stärken. Außerdem wollen wir doch heute Abend essen gehen. Wenn ich jetzt nicht laufe, dann habe ich ein derart schlechtes Gewissen beim Essen, dass es mir keinen Spaß machen wird. Ja, so ist es. Karl steigt in die Laufschuhe und denkt noch an das tolle Gefühl, das er anschließend in der Brause haben wird. *Ich werde mich richtig gut fühlen, und obwohl der Arbeitstag noch gar nicht begonnen hat, werde ich schon etwas Tolles geleistet haben*, denkt er sich und läuft los.

Es gibt aber auch noch eine weitere Möglichkeit, wie Karl hätte reagieren können: Nicht lange nachdenken, rein in die Laufschuhe und los. Ganz nach dem Motto *tu es einfach*! Dies schützt davor, negativen Gedanken und Gefühlen zu einer bestimmten Sache eine zu große Bedeutung zu geben. Wenn Sie es einfach tun, obwohl ihre Gedanken und Gefühle dieser Sache zunächst negativ gegenüberstehen, wenn Sie sich vielleicht auch dazu zwingen, wird Ihr Gehirn diese *kognitive Dissonanz* nicht lange aufrechterhalten können. Ihre Einstellung wird sich ändern, und Ihre Stimmung wird steigen!

2. Phase: Eine innere Spannung baut sich auf

Den Start eines Motivationsprozesses konnte ich bei Bekannten schon oft beobachten, am besten immer dann, wenn sie von ihren Vorstellungen erzählt haben. Und als Berater und Coach kann man schnell feststellen, ob die kommunizierten Vorstellungen Realität werden oder nicht.

So habe ich einen Bekannten, der mir einmal, so ganz beiläufig, erzählt hat, er möchte für eine bestimmte Zeit aussteigen. Mich hat diese Idee interessiert, und so stellte ich einige Fragen, die er mir freilich noch nicht beantworten konnte. Wir haben uns dann längere Zeit weder gesehen noch gehört, doch als wir uns wieder trafen, fragte ich natürlich nach, was denn aus der Aussteiger-Idee geworden sei. Er eröffnete mir, dass er nun für ein Jahr nach Australien gehe.

Die Formalitäten waren alle erledigt, seinen Job hatte er gekündigt – seine Firma hatte ihm zwar eine Wiedereinstellungsoption versprochen, trotzdem war das ein sehr mutiger Schritt – und seine kleine Wohnung war bereits vermietet. Er hat diese Idee tatsächlich realisiert und war ein Jahr lang in Australien.

Wenn wir heute darüber reden, dann nennt er seinen damaligen Entschluss die *wichtigste Entscheidung seines Lebens*. Heute hat er einen anderen, besser bezahlten Job, der ihm mehr Spaß macht als sein vorheriger.

Ein anderer Bekannter erzählt mir seit langem von einer ähnlichen Idee, nämlich für eine bestimmte Zeit nach Amerika zu gehen. Davon spricht er, seit ich ihn kenne, seit über zehn Jahren. Bis heute hat er es nicht geschafft, seine Idee zu realisieren. Wo liegt der Unterschied, dass der eine das tut, was er sagt, und der andere jahrelang nur davon träumt?

Wenn wir uns auf den Motivationsprozess konzentrieren, dann können wir folgende unterschiedliche Muster bei diesen beiden Personen beobachten.

Jener, der ein Jahr lang in Australien gelebt hat, hat aus seiner ursprünglichen Idee einen Traum gemacht. Dann aus seinem Traum einen Plan. Und seinen Plan hat er schließlich in die Tat umgesetzt.

Entscheidend ist nun, einen möglichst konkreten Plan für die Umsetzung des Vorhabens zu erarbeiten. Als ich meinen Bekannten damals fragte, wie er sich das mit Australien vorstelle, da konnte er mir das so konkret erzählen, dass mir klar war, dass es auch so ähnlich geschehen werde. Er wusste ganz genau, was er wollte und was er dafür tun musste. Er hat für seinen Traum hart gearbeitet und alle notwendigen Schritte zu Papier gebracht (entsprechende Übungen finden Sie im Umsetzungsteil im Kapitel 8 ab Seite 155).

Mein *Amerika-Bekannter* hingegen ist über die Traumphase nie hinausgekommen. Er hatte auch jedes Mal eine andere Idee, was er in Amerika machen könnte. Bis heute hat er es nicht einmal geschafft, einen konkreten Plan zu erarbeiten.

Da ich selbst seit langem meine Ziele genau fixiere, hatte ich mehrmals Debatten mit meiner Mutter, die mir immer wieder geraten hat, ich möge nicht alles so genau planen. Obwohl ich ihr immer widersprach, gebe ich ihr auch Recht.

Hätte ich meine erwünschten Ergebnisse nicht unzählige Male im Kopf durchgespielt, wäre ich heute nicht dort, wo ich bin. Andererseits stimmt es, dass man nicht alles planen kann und soll. Abgesehen davon, dass man sich seiner Spontaneität und Flexibilität beraubt, brauchen Träume und Ideen auch Lücken und Freiräume, um sich entwickeln zu können.

Es gibt ihn aber, diesen kritischen Punkt, an dem man beginnt, aus Träumereien und losen Gedanken konkrete Pläne zu schmieden. Er ist, wie die meisten Mechanismen in der Motivationspsychologie, individuell. Ich selbst spüre bei meinen Vorhaben diesen Punkt dann, wenn ich weiß, welches die ersten Schritte sind, die es umzusetzen gilt. Wenn meine Vorstellungen bereits so konkret sind, dann beginne ich, einen Plan zu erstellen, vergleichbar mit der Routenplanung auf einer Straßenkarte. Ich definiere die wichtigsten Aktivitäten, an denen ich mich orientiere. Nach dieser *inneren Landkarte* handle ich dann konsequent. Solange ich mich auf *Zielerreichungskurs* befinde, bleibe ich bei meiner Strategie. Erst wenn ich auf Hindernisse stoße, überlege ich mir die Ausweichroute und beginne neu zu planen.

Das Planen konkreter Schritte zur Umsetzung des jeweiligen Vorhabens erfüllt im Motivationsprozess auch einen ganz bestimmten Zweck. Wenn Sie sich mit Ihrem Vorhaben konkret auseinander setzen, beschleunigen Sie den Spannungsaufbau. Einen besonderen Effekt erzielen viele Personen auch dadurch, dass sie ihre Pläne mit anderen besprechen. Durch dieses Veröffentlichen der Absichten entsteht bei vielen Menschen ein positiver Druck, der als Antrieb zur Umsetzung gute Dienste leistet. Seit langem habe ich es mir zur Angewohnheit gemacht, meine Ziele mit meinen engsten Freunden zu besprechen, noch bevor ich überhaupt weiß, wie ich diese Vorhaben angehen soll. Was ich über diese Vorhaben zu diesem Zeitpunkt aber bereits weiß, ist, dass sie enorme Kraft besitzen und mich bewegen. So habe ich die Gewissheit, dass ich sie auch mit der notwenigen Konsequenz und entsprechendem Einsatz angehe.

Ich weiß nämlich, dass mich meine Freunde immer wieder auf die beabsichtigten Aktivitäten ansprechen. Außerdem erhalte ich aus diesen Gesprächen oft wertvolle Hinweise, die mir später bei der Konkretisierung meines Zieles sehr hilfreich sein können. Je konkreter Sie sich also mit Details beschäftigen, je klarer Sie sich Einzelaktivitäten vorstellen, desto rascher kommen Sie zum Spannungshöhepunkt. Das ist dann der Augenblick, in dem Sie genau jene Energie zur Verfügung haben, die Sie benötigen, um Ihr Vorhaben zu realisieren!

Wie lange diese zweite Phase des Motivationsprozesses dauert, hängt erstens von der Person ab, zweitens von der jeweiligen Situation, in der sie sich gerade befindet und drittens vom Ziel. Eines ist bei uns allen aber gleich. Diese Spannung baut sich im Sinne einer Welle so lange auf, bis sie zu einem Höhepunkt gelangt. Verschiedene Menschen halten unterschiedliche Motivationsspannungen aus, ja brauchen verschiedene Spannungszustände, um aktiv zu werden. Gemeinsam ist uns wieder, wie wir reagieren, wenn der Spannungshöhepunkt erreicht ist. Um Ihnen ein besseres Bild von dieser Phase des Motivationsprozesses zu vermitteln, möchte ich Ihnen eine einfache Frage stellen: Was denken Sie, wie lange kann man einen Luftballon aufblasen? Einen ganz normalen Luftballon, den Kinder in Geschäften bekommen. Wie lange denken Sie, kann man ihn aufblasen?

Antwort:

Vielleicht meinten Sie – wie viele – soeben, dass man einen Luftballon so lange aufblasen könne, bis er platzt. Diese Antwort bekomme ich auch von den meisten Seminarteilnehmern. Aber das stimmt nicht:

Sie können einen Luftballon nämlich nur so lange aufblasen, bis Sie an den kritischen Punkt gelangen. Der kritische Punkt markiert genau den Moment, bevor der Luftballon platzt. Wenn Sie den kritischen Punkt übersehen, können Sie den Ballon nicht mehr aufblasen, da er bereits geplatzt ist.

Das führt zur nächsten Frage: Was passiert, wenn ein Luftballon platzt? Richtig, es wird Energie frei. Da tut sich einiges, wenn ein Luftballon zerfetzt. Ähnlich verhält sich das auch bei uns, wenn der Motivationsprozess zu seinem Höhepunkt gelangt. In dieser Phase haben wir enorme Energie zur Verfügung. Normalerweise genau so viel, wie wir zur Realisierung unseres Vorhabens benötigen!

3. Phase: Energie wird frei

Wenn Sie Ihre Motivationsspannung durch Tagträume, innere Filme von zumindest zwölf Minuten Länge oder durch die konkrete Auseinandersetzung mit Ihrem Vorhaben entsprechend erhöht haben und sie bis zu Ihrem Spannungshöhepunkt steigern, dann läuft etwas Fantastisches in Ihnen ab. Sie erhalten von Ihrem Organismus pure Energie. Nämlich genauso viel Energie, wie Sie brauchen, um Ihre Planungen zu realisieren. Voraussetzung dafür ist allerdings, dass Sie sich ein klares Ziel gesetzt und dieses auch entsprechend formuliert, in Einzelschritte zerlegt und niedergeschrieben haben.

Einfach dargestellt funktioniert Ihr gesamtes Leben nach diesem Prinzip. Es ist nicht wesentlich komplizierter, auch wenn viele das vielleicht vermuten. Ihr Organismus stellt Ihnen exakt jene Menge an Energie zur Verfügung, die Sie benötigen, um Ihre Ziele und Vorhaben anzugehen und möglichst zu erreichen.

Jetzt stellen Sie sich vor, wie viel Energie Menschen zur Verfügung haben, die nicht wissen, was sie mit ihrem Leben anfangen wollen. Spätestens jetzt wird das Zitat von Michelangelo, das am Beginn dieses Kapitels steht, in seiner ganzen Dimension sichtbar. Je höher Sie sich Ihre Ziele stecken, desto mehr Energie haben Sie dafür auch zur Verfügung. Freilich gilt hier eine wesentliche Einschränkung: Ziele, die für Sie völlig unrealistisch sind und die Sie niemals erreichen können, was immer Sie auch versuchen würden, erzielen den umgekehrten Effekt. Beim Griff nach den Sternen erfahren viele Menschen oftmals eine Lähmung, die Passivität zur Folge hat. Es geht also vor allem darum, die für Sie *richtigen* Ziele zu finden (dafür zeige ich Ihnen später eine ausgezeichnete Technik, die Sie nicht nur zur Vorbereitung Ihrer Ziele anwenden können, sondern auch zur Analyse).

Wenn Sie also aus Ihrem Bedürfnis bzw. Ihrem Motiv ein Ziel erarbeitet und dieses auch entsprechend geplant haben, dann können Sie davon ausgehen, dass die Energie, die Sie besitzen, auch zielgerichtet von Ihnen eingesetzt wird. Manchmal werden Sie das gar nicht merken. Sie können aber davon ausgehen, dass sich diese Energie in einer zielgerichteten Handlung beobachten lässt – diese ist zwar noch keine Erfolgsgarantie, aber sie ist die unabdingbare Voraussetzung für Ihren persönlichen Erfolg. Ist Ihnen Ihr Ziel wichtig und klar genug, werden so viele effiziente Einzelhandlungen folgen, bis Sie es erreicht haben. Wie wir schon besprochen haben, hängt diese Fähigkeit aber auch von Ihrer Motivtendenz ab. Erfolgssucher haben hier gegenüber den Misserfolgsmeidern natürlich klare Vorteile.

Diese dritte Phase, in der die handelnde Person ganz auf sich allein gestellt ist, ist genau jene, die manche Kollegen *Moti-*

vation nennen und zugleich behaupten, man könne andere nicht motivieren. Indem sie allerdings *motiviert sein* mit *handeln* gleichsetzen, gehen sie von einem falschen Ansatz aus. Wie Sie sich erinnern können, bedeutet Motivation zunächst ja nur eine erhöhte Handlungsbereitschaft. Erst durch das Zusammenspiel mit den Faktoren *Anreiz, Erfolgswahrscheinlichkeit* und *Motivtendenz* folgt eine zielgerichtete und motivierte Aktivität.

Sie können nicht für andere Personen die konkreten Handlungen vornehmen, aber Sie können sie in den anderen Phasen so stark beeinflussen, dass davon Aktivität oder Passivität abhängt. In einem Unternehmen etwa hat das Verhalten einer Führungskraft immer Auswirkungen auf den Motivationsprozess der Mitarbeiter, und zwar unabhängig davon, ob die Führungskraft das möchte oder nicht, ob der Führungskraft das bewusst ist oder nicht. Hier verhält es sich ähnlich wie mit der oft gestellten Frage, ob Führungskräfte Vorbilder sein sollen oder müssen. Diese Frage steht nämlich in keiner Weise zur Diskussion. Führungskräfte sind immer Vorbilder. In allem, was sie tun. Ob sie das wollen oder nicht.

Entscheidend ist nur, mit welchem Vorzeichen Mitarbeiter das Vorbild ihres Chefs versehen. Steht vor den Handlungen und Aussagen ein *Plus* oder ein *Minus?* Auf die Motivation bezogen lautet die entsprechende Frage: Welche Auswirkungen hat das Verhalten der Führungskraft auf den Motivationsprozess des Mitarbeiters?

Fördert es die Spannung und hilft es, Energie aufzubauen, um diese dann zielgerichtet einsetzen zu können, oder wirkt es kontraproduktiv und lähmend, so dass sich Mitarbeiter in Passivität flüchten?

Manchen Fußballtrainern wird die Eigenschaft eines Motivators zugeschrieben. In Österreich hatte Otto Baric einen

Beinamen, der diese Eigenschaft ausdrückte, nämlich *Otto maximale*. Sein Verhalten beim Training und während eines Spieles an der Outlinie hat auf viele Spieler offensichtlich derart anregend gewirkt, dass viele *über sich hinausgewachsen* sind. Der Höhenflug von Austria Salzburg bis in das Finale des Europacups Mitte der neunziger Jahre gibt dafür ein gutes Beispiel.

Herbert Prohaska – wie Baric auch Teamchef der österreichischen Fußballnationalmannschaft – hingegen wurde eher das Gegenteil nachgesagt. Sein Verhalten wurde als zu ruhig beschrieben. Das ist natürlich nur ein Faktor dafür, dass unter Prohaska selbst gute Fußballer in der Nationalmannschaft nur mäßige bis schlechte Leistungen brachten. Herbert Prohaska fehlte damals meiner Einschätzung nach ein wichtiges Grundprinzip der Motivation, nämlich das der Bewegung. Bewegung in Form von Emotionen, verbal wie nonverbal transportiert, das ist eine wesentliche Voraussetzung für Selbst- wie Fremdmotivation. Sie drückt sich in der Körperspannung aus und wirkt in vielen Fällen tatsächlich ansteckend. Dies deshalb, weil jeder durch sein Verhalten innere Zustände bei anderen Personen erzeugt, die für die Motivation entweder förderlich oder hinderlich sind. Sie erinnern sich noch an die Grundthese von *Paul Watzlawick*, zu Beginn des *Treppenläufers*? *Sie können sich nicht nicht verhalten!*

Das heißt, dass alles, was Sie tun, Auswirkungen auf andere Personen hat. Da Sie davon ausgehen können, dass Sie diese *Macht* besitzen, können Sie weiter schließen, dass diese Zustände für die Motivation der Menschen in Ihrem Umfeld entweder förderlich oder hinderlich sind! Also liegt es doch eindeutig in Ihrem Einflussbereich, andere Menschen zu motivieren oder auch zu demotivieren.

Wenn Ihre Energien es Ihnen ermöglicht haben, Ihr Vorhaben zu beginnen und im optimalen Falle auch zu realisieren, dann tritt die nächste Phase des Motivationsprozesses ein, nämlich der Spannungsabbau.

4. Phase: Entspannen

Wenn Sie längere Zeit auf ein Ziel hingearbeitet, einiges an Zeit und Engagement dafür investiert haben und das gewünschte Ergebnis tatsächlich oder annähernd erreicht haben, dann verlangt Ihr Organismus nach Entspannung. Im optimalen Fall gliedert sich diese Phase in zwei zusammenhängende Bereiche: erstens in eine Analyse, zweitens in eine Regeneration. Erst durch beide Aktivitäten wird gewährleistet, dass sich die zuvor physisch und psychisch aufgebaute Spannung wieder abbaut. Auch diese Phase gestaltet sich individuell.

Generell hat die Motivationsforschung freilich ergeben, dass Entspannung umso stärker auftritt und Regeneration umso wichtiger ist, je mehr Anstrengungen das realisierte Ziel erfordert hat. Das geht so weit, dass manche Personen, die große Leistungen erbracht haben, danach in ein so genanntes *Motivationsloch* fallen und von einer *inneren Leere* sprechen.

In vielen Coachings und Trainings habe ich die Erfahrung gemacht, dass diese *innere Leere* dann am besten vermieden werden kann, wenn diese vierte Phase durch Aktivität gekennzeichnet ist. Damit meine ich, dass wir uns mit dem Geschehenen auseinander setzen.

Dazu bieten sich Analysemethoden bestens an. Da künftiges Handeln durch die Erfahrungen aus vergangenem Handeln gesteuert wird, liegen die Vorteile einer durchdachten Handlungsanalyse auf der Hand. Sie können davon ausgehen, dass die von Ihnen für vergangenen Erfolg bzw. Misserfolg verantwortlich gemachten Faktoren über Ihren künftigen persönlichen Erfolg bzw. Misserfolg wesentlich mitentscheiden. Gerade wenn ein Ziel nicht vollständig erreicht oder gar verfehlt wurde, ist es besonders wichtig und für Erfolgsmenschen unerlässlich, den Prozess in einer Analyse zu Ende zu denken und zu Ende zu führen.

Durch die aktive Auseinandersetzung mit dem Ereignis tritt auch eine Beschleunigung der Entspannung auf. Menschen, die Ihre Zielprozesse regelmäßig analysieren, entspannen sich schneller und sind entspannter als jene, die dies nicht tun.

Diese Analyse bietet einen gewichtigen Vorteil. Ist ein Ereignis erst einmal nach einer guten Methode analysiert, dann fällt es Ihnen leichter, es zu verarbeiten und sich davon loszulösen. Erst dann können Sie sich in die den Motivationsprozess abschließende, so wichtige Regenerationsphase begeben und wieder anderen Gedanken und Aufgaben widmen.

Haben Sie den Prozess nicht analysiert und beendet, kommen Sie allzu oft nicht davon los – manche erzählen dann ein halbes Jahr bei jeder Gelegenheit vom gleichen Erfolg. Der Spruch aus dem Volksmund, *sich auf den Lorbeeren ausruhen*, trifft die Problematik ziemlich genau. Nach der Analyse sollte schließlich kommen, was im Sport seit langem bekannt und alltäglich ist, im Arbeitsleben aber noch oft übersehen oder einfach nicht zur Kenntnis genommen wird. Hat eine Person eine Leistung erbracht und ein Ziel erreicht, dann braucht sie auch eine Regenerationsphase, damit vollständige Entspannung möglich ist. In vielen Seminaren meinen Manager bei diesem Gedanken dann oft, es wäre gar nicht gut, wenn Mitarbeiter vollständig entspannt seien.

Dann nehme ich noch einmal mein Luftballon-Beispiel zu

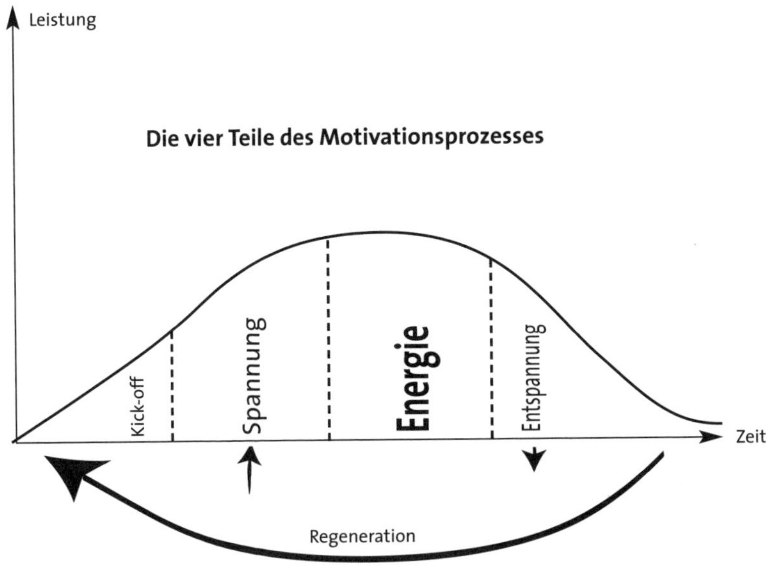

Hilfe und stelle zwei einfache Fragen. Erstens: *Welche Leistungen sollten Ihre Mitarbeiter erbringen können?*

Die am häufigsten gegebene Antwort lässt sich leicht erraten. *Die größtmögliche Leistung!* Dann nehme ich meinen Luftballon und stelle die zweite Frage: *In welchem Zustand kann der Luftballon seine größtmögliche Leistung erreichen? Wann kann ich ihn am stärksten aufblasen?*

Auch diese Antwort werden Sie sich gut vorstellen können. Die meisten nicken dann schon und meinen: *Wenn er völlig entspannt ist.* Unter Regeneration verstehe ich allerdings nicht, dass Sie oder Ihre Mitarbeiter nichts tun, sondern dass Sie etwas *anderes* tun als vorher. Entspannung hängt zeitlich immer davon ab, welche Leistung jemand erbracht hat. Nach einem sehr herausfordernden Kundengespräch, das eine Dreiviertelstunde gedauert hat, werden Entspannung und Regeneration nur einige Minuten in Anspruch nehmen, und schon können Sie das nächste Kundengespräch führen. Gesprächsprofis binden in ihre Analyse den Kunden gleich ein, besprechen am Ende des Gespräches dessen Verlauf und fragen die Zufriedenheit des Kunden ab. Es genügt aber in vielen Fällen auch ein kurzes Nachdenken über den Verlauf des Gespräches. Sie können sich regenerieren, indem Sie eine Tasse Kaffee trinken, mit einem Kollegen reden, zu Hause anrufen oder auch einen Blick auf die Sportseiten der Tageszeitung werfen.

Haben Sie hingegen ein Projekt erfolgreich abgeschlossen, das Sie im letzten halben Jahr völlig beansprucht hat, werden Analyse und Regeneration andere Dimensionen aufweisen. Wahrscheinlich werden Sie eine standardisierte Analyse mit anderen Personen durchführen und daraus die wichtigsten Erkenntnisse in Ihr künftiges Projektmanagement einbauen. Regenerierend könnte ein verlängertes Wochenende mit Ihrem Partner oder mit Ihrer Familie oder auch ein Urlaub wirken.

Sind Entspannung und Regeneration beendet, kann ein neuer Motivationsprozess in seiner vollen Kraft starten, erst dann sind Sie wieder in der Lage, Höchstleistungen zu bringen und sich neue Ziele zu setzen.

4.1 Ziele schaffen Erfolgserlebnisse

Allein die Tatsache, dass eine Person ihre Ziele kennt, erhöht die Motivation dieses Menschen beträchtlich. Diese These stimmt für den Bereich der Arbeitsmotivation eindeutig, und ich denke, sie stimmt auch für den privaten Bereich. Bei meinen Untersuchungen zum Thema Arbeitsmotivation habe ich herausgefunden, dass jene Arbeitnehmer, die *hoch motiviert* sind, ihre Ziele kennen und diese auch regelmäßig besprechen. Dort, wo Mitarbeiter *wenig motiviert* sind, sind auch kaum Ziele bekannt.

Werden Mitarbeiter in den Zielgestaltungsprozess auch eingebunden, dann steigt ihre Motivation noch einmal an. Dort, wo Arbeitnehmer *hoch motiviert* sind, ist der Anteil jener, die in diesen Prozess eingebunden werden, ungleich höher als bei jenen, die *wenig motiviert* sind.

Ich bin davon überzeugt, dass es sich bei diesen beiden Thesen um universelle Grundsätze handelt, die auch in allen anderen Bereichen Gültigkeit besitzen, in denen Ziele formuliert werden können und eine Rolle spielen. Also sollte man annehmen, dass die meisten Menschen sehr klare Ziele für ihre verschiedenen Bereiche besitzen. Meiner Erfahrung nach ist das aber nicht so. Immer wieder fällt mir bei Seminaren und Vorträgen auf, dass viele Teilnehmer Probleme haben, ihre wichtigsten Ziele zu formulieren und zu nennen.

Viele Personen handeln nach der *Es-wird-sich-schon-was-ergeben*-Methode und sind sehr gut im Warten. Genauer gesagt, im Warten darauf, dass das Leben bei ihnen vorbeikommt, anklopft und etwas ankündigt. So in der Art: *Hei, ich bins, dein Leben. Ich möchte dir eine große Chance zeigen …* Wenn das so wäre, ja dann würden diese Leute auch aktiv werden und alles Mögliche angehen.

Denn dann wäre da ja eine Gewissheit vorhanden, dass es sich lohnt, aktiv zu sein, etwas zu versuchen, dann hätten diese Leute ja die Sicherheit, das Ziel zu erreichen. Sie wissen ebenso gut wie ich, dass das Leben nicht bei uns anklopft. Es lässt uns warten. Lange, sehr lange. Hier findet beinahe *eine sich selbst erfüllende Prophezeiung* statt, denn diejenigen, die warten, die lässt *das Leben* auch warten.

Und doch ist mir im Laufe meiner Tätigkeit aufgefallen, dass es dieses *Anklopfen* tatsächlich gibt. Viel öfter, als uns lieb ist, denn es stellt sich ganz anders dar, als wir uns das vorstellen und wünschen. Die Menschen, die von diesem *Anklopfen* betroffen sind, denken dann recht schnell: *Hätte ich doch nur …* Das sind etwa die Alarmsignale, wenn es mit unserer Gesundheit nicht zum Besten steht, nicht nur im großen Bereich der psychosomatischen Krankheitsbilder, sondern auch organisch oder psychisch bedingter Leiden.

Stellen Sie sich eine Person vor, die bei der jährlichen Gesundheitsuntersuchung beim Hausarzt erfährt, dass es im Herz-Kreislauf-Bereich Unregelmäßigkeiten gibt, für die der Hausarzt keine ausreichenden Erklärungen findet. Er weist sie zur genaueren Untersuchung in das nahe gelegene Krankenhaus ein. Es werden viele Untersuchungen durchgeführt, und unsere Person eilt von einem Spezialisten zum anderen.

In dieser Situation wird sie sich bestimmt etwas vornehmen, sich ein Ziel setzen. Vielleicht hat diese Person viel geraucht und nun, im Krankenzimmer, zwischen Untersuchung und Diagnose, beschließt sie, mit dem Rauchen aufzuhören. Oder aber unsere Person hat zu viel gearbeitet, zu wenig Zeit für Familie und Freunde gehabt und nimmt sich jetzt vor, im Job etwas leiserzutreten und mehr Zeit für Beziehungen aufzuwenden.

Dies sind eben – wie wir das schon gesehen haben – *Jahreswechsel-Wünsche*. Bei unserem Patienten steht zwar kein Jahreswechsel vor der Tür, das Prinzip ist aber dasselbe. Ein äußeres, von der Person selbst nicht unmittelbar beeinflussbares Ereignis gibt den Anlass zu guten Vorsätzen. Sobald dieses Ereignis nicht mehr aktuell erscheint, verliert auch das Vorhaben an Anziehungskraft. Der Anreiz ist verloren gegangen.

Der entscheidende Gedankenfehler, von typischen *Jahreswechsel-Wünschen* ist, dass man tatsächlich glaubt, das neue Jahr – das äußere Ereignis – würde die gewünschten Veränderungen mit sich bringen. In den Gedanken finden sich nirgendwo die Bilder, die zeigen, dass es viel persönlichen Einsatz und harte Arbeit bedeuten kann, etwas zu verändern. Vielen Menschen ist eben nicht klar, dass sie selbst es sein müssen, die sich verändern, etwas tun müssen. Aber in einer Hinsicht sind auch diese Personen hartnäckig. Dann nämlich, wenn es darum geht, sich beim nächsten Jahreswechsel wiederum etwas vorzunehmen. Dann versuchen sie es wieder. Und das Jahr darauf wieder. Sie können sich bestimmt noch an die Übung von Jörg Löhr erinnern, die den Unterschied zwischen Versuchen und Tun demonstriert hat. Doch leider kennen diese Leute diese Übung nicht.

Also könnte sich auch unser Patient im Krankenhaus dementsprechend wenig konsequent verhalten, sobald er erfährt, dass alles in Ordnung ist. Er würde – so wie die meisten *Warter* in dieser Situation – sofort Entwarnung geben, und die Vorhaben wären von einer Sekunde auf die andere nicht mehr so wichtig, weil der äußere Grund glücklicherweise weggefallen ist.

Der entscheidende Faktor eines Zieles, damit der Motivationsprozess auch tatsächlich gestartet wird, liegt in der freiwilligen und kognitiv vollzogenen Entscheidung, etwas erreichen zu wollen, ohne dass der Druck von außen diese Handlung vorgibt. Motiviertes Handeln meint immer *agieren*. Von sich aus, bewusst Akzente zu setzen, sich für etwas zu entscheiden, es sich vorzustellen, einen Plan zu entwickeln und es dann zu tun! Sie selber entscheiden, vielleicht jetzt, in diesem Augenblick, etwas Bestimmtes anzugehen und zu erreichen.

Vielleicht äußert sich dies zunächst nur als Tagtraum, und Sie denken, *wäre das schön* … Lassen Sie solche Gedanken reifen, lassen Sie sich Zeit, aber vergessen Sie sie nicht. Schreiben Sie solche Gedanken in ein kleines Buch und arbeiten Sie von Zeit zu Zeit damit. So können aus Gedanken Ideen, aus Ideen Vorhaben, aus Vorhaben Ziele und aus Zielen Ergebnisse werden. Diese Vorhaben müssen keine großartigen Dinge sein, müssen nichts Außergewöhnliches an sich haben. Oft sind es Kleinigkeiten, die in der Summe aber große Veränderungen bedeuten können. Damit Sie an Ihren persönlichen Zielen tatsächlich effektiv arbeiten können, sollten Sie sich zuvor mit Ihren Werten und Erwartungen beschäftigen. Denn dann können Sie Ihre Ziele darauf abstimmen. Haben Sie diesen Schritt erst einmal vollzogen, wird es Ihnen möglich sein, Vorhaben zu realisieren, von denen andere nur träumen.

Wenn Ihre Ziele in Zusammenhang mit Ihren Werten und Erwartungen stehen, dann können Sie davon ausgehen, dass Ihre Handlungen zielgerichtet und effektiv sein werden. Vieles von dem, was Sie sich vornehmen, werden Sie auch erreichen. Dabei kann Ihnen vielleicht ein Gedanke meines Freundes Josef Schieder helfen. Der Finanzvorstand eines börsenotierten Unternehmens meint: *Was wir kurzfristig schaffen, das überschätzen wir zumeist, was wir langfristig schaffen können, dass unterschätzen wir in jedem Fall!* Folgende Grafik zeigt Ihnen, worin der Unterschied besteht, mit klaren Zielen, die der individuellen Wertestruktur und den Erwartungen entsprechen, zu handeln, oder ein *Wartender* zu sein, der keine Ziele hat und bei dem sich die vorhandene Energie irgendwie verteilt.

So verteilt sich Energie,
wenn kein konkret formuliertes
Ziel vorhanden ist.

Und so kann dargestellt werden,
wie sich Energie verteilt, wenn
im Individuum ein klares Ziel besteht,
das auf Werte und Erwartungen
abgestimmt ist.

Zusammengefasst kann man den Motivationsprozess mit den Krimiklassikern von Alfred Hitchcock vergleichen. Diese sind deshalb so besonders gut und werden immer wieder gerne gesehen, weil sie in ihrer Dramaturgie einen ähnlichen Aufbau wie der eben dargestellte Motivationsprozess haben. Bewusst hat Alfred Hitchcock in seinen Handlungen immer wieder Spannungen aufgebaut, die so geschickt inszeniert sind, dass der Rezipient davon *angesteckt* wird. So empfindet man auch als Zuschauer den Druck, dem James Stewart in *Das Fenster zum Hof* ausgesetzt ist, als er durch ein Gipsbein an den Rollstuhl gefesselt, allmählich mitbekommt, wie der Nachbar seine Frau ermordet. Hitchcock verstand es so vorzüglich, diesen Druck derart zu steigern und ihn erst an einem Höhepunkt zu lösen. Nicht alle Zuseher haben aber denselben Spannungshöhepunkt, er ist – wie im Motivationsprozess – individuell.

Für manche Menschen sind die Spannungshöhepunkte von Alfred Hitchcock zu hoch. Der individuelle liegt also niedriger als der von Hitchcock gewählte, mit der Folge, dass diese Menschen früher Aktivitäten setzen als andere, um diesem Druck zu entkommen. Das äußert sich dann im Kino zum Beispiel darin, dass sie die Augen schließen oder sich die Ohren zuhalten oder fortwährend Popcorn essen. Es kann schließlich so weit gehen, dass manche Zuschauer das Kino vorzeitig verlassen. Wenn nämlich der individuelle Spannungshöhepunkt erreicht ist, folgt unweigerlich eine Handlung. Liegt dem Spannungsaufbau auch ein klar formuliertes Ziel zu Grunde, so ist diese Handlung sehr effektiv auf die Realisierung dieses Vorhabens gerichtet.

Nun gibt es nur noch eines, was Sie berücksichtigen sollten. Einen Gedanken, der sich durch den *Treppenläufer* zieht wie ein roter Faden. Erich Kästner hat gesagt: *Es gibt nichts Gutes, außer man tut es!* Wenn Sie die Prinzipien des Motivationsprozesses berücksichtigt haben, können Sie einfach beginnen. Haben Sie die Bilder erst einmal in Ihrem Kopf als Geschichte oder als Film gespeichert, dann *tun* Sie das, was Sie schon immer *tun* wollten. Sie haben wirklich große Chancen, an Ihr Ziel zu kommen!

5. Was motiviert Menschen?

Erfolg kommt mit i c h k a n n und nicht durch i c h k a n n nicht!

Henry Brooks Adams

Eine der ältesten und am meisten gestellten Fragen in der Motivationswissenschaft ist jene nach dem, was Menschen motiviert. Viele namhafte Wissenschafter haben dazu Klassifizierungen und Modelle entwickelt. Als ich vor zehn Jahren begann, mich mit dem Thema Motivation näher zu beschäftigen, hatte ich noch keine eigenen Gedanken oder Modelle entwickelt und griff auf diese bekannten Theorien und Ansätze zurück, die ich in meinen Seminaren und Vorträgen sehr engagiert weitergab. Ich wollte aber auch eine eigene Antwort finden. Dementsprechend gestaltete ich meine Seminare.

Ich entwickelte einen Methodenmix aus theoretischen Inputs und praktischen Übungen, durch die ich die Teilnehmer in die Erarbeitung der Themen einbinden wollte. So stellte ich den vielen Personen zu Beginn – noch ehe ich theoretische Informationen gab – immer wieder die gleiche Frage. Ich wollte von ihnen wissen, was sie denn in ihrem Leben zu den Handlungen und den Leistungen, die sie als erfolgreich einstufen, motiviert. Danach erst debattierten wir über verschiedene Ansätze. Besondere Aufmerksamkeit schenkte ich dabei Abraham Maslows Bedürfnispyramide, die menschliches Verhalten gut erklärt. Ich erzählte also voller Überzeug von den Wachstumsbedürfnissen, denen in der Bedürfnispyramide als einzige Gruppe die Fähigkeit zur Motivation zugestanden wurde.

Und in jedem Seminar geschah an dieser Stelle genau das

Gleiche: Wir diskutierten über den Wahrheitsgehalt meiner Informationen. Viele Teilnehmer kritisierten gerade die Klassifizierung als bloße Theorie.

Als sie dann ihre zuvor erarbeiteten Antworten auf die Frage, was sie selbst zu ihren Handlungen und Leistungen motiviert, der Bedürfnishierarchie zuordneten, lieferte diese Übung immer wieder ein Ergebnis, das es eigentlich nicht geben dürfte. Viele Antworten gehörten eindeutig in Bereiche, denen theoretisch keine Motivation zugesprochen wird. Nachdem mir das aufgefallen war, begann ich die Ergebnisse zu dokumentieren und auszuwerten. Dabei stellten sich vor allem zwei deutliche Abweichungen von der Theorie heraus. Die am häufigsten genannten Antworten betrafen die Themen *Geld und Beziehung* – beides Faktoren, die bei Maslow und anderen Wissenschaftern nicht zu den Motivatoren zählen.

In den ersten Seminaren, die ich als selbstständiger Trainer und Berater hielt, führte ich diese heftigen Diskussionen darauf zurück, dass es mir nicht klar und gut genug gelang, die Differenzierungen in den theoretischen Ansätzen zu vermitteln. Nicht dass mich diese oft heißen Debatten gestört oder den Erfolg des Seminars negativ beeinflusst hätten. Es wurden ja viele gute Ideen geboren, die auch umgesetzt werden konnten, und Argumente ausgetauscht. Trotzdem versuchte ich meine Methodik zu verbessern. Ich bezog die Teilnehmer noch stärker in die Erarbeitung der theoretischen Inputs ein und nahm mir mehr Zeit für die Darstellung der beiden Theorien. Ich war überzeugt davon, dass diese Diskussionen jetzt ausbleiben würden, weil den Teilnehmern die Informationen besser verständlich gemacht wurden.

Die Debatten allerdings hörten nicht auf. Sie verliefen umso heftiger, je genauer ich auf die Theorie einging. Erst allmählich begriff ich warum. Die Übungseinheit war ja so aufgebaut, dass sich die Teilnehmer zuerst mit ihren individuellen Motivationsfaktoren beschäftigten.

Sie formulierten sogar schriftlich, welche Faktoren sie für ihre Motivation verantwortlich machten. Das heißt, subjektiv betrachtet waren die Antworten für jeden einzelnen Menschen die *Wahrheit*; zumindest das, was sie von ihrer subjektiven Wahrheit herzugeben bereit waren. Und nur kurz danach stellte ich diese Wahrheit in Frage, indem ich die Antworten der Theorie zuordnete und in Motivatoren und Defizitfaktoren unterschied. Die Seminarteilnehmer kämpften förmlich um ihre *Wahrheit*, und ich begriff, dass zwischen ihrem Ansatz und jenem von Maslow erhebliche Differenzen bestanden. So begann ich, mich systematisch und auch wissenschaftlich mit dem Thema Motivation zu beschäftigen. Ich wollte wissen, wie es *wirklich* ist, was Menschen *tatsächlich* motiviert.

5.1 Der Gedankenfehler in der Bedürfnishierarchie

Seit es die Motivationsforschung gibt, versuchen Wissenschaftler die Motive der Menschen zu klassifizieren, um sie so besser begreifbar zu machen, menschliches Handeln klarer nachvollziehen und auch besser voraussagen zu können. Die wohl bekannteste Klassifizierung, von der eben berichtet wurde, stammt von Abraham Maslow. Seine so genannte Bedürfnishierarchie (Bedürfnispyramide) geht von der Grundüberlegung aus, dass menschliches Handeln nach einem linear-horizontalen Prinzip erfolgt, das man auch *Eines nach dem Anderen* nennen könnte. Und genau darin liegt meines Erachtens nach der grundsätzliche Gedankenfehler dieser Theorie. Menschliches Verhalten erfolgt in der Regel eben nicht nach Schwarz-Weiß-Mustern, orientiert sich selten an theoretischen Hierarchien, sondern erfolgt in beinahe unendlich vielen Grauschattierungen und besitzt einen Beschleunigungsfaktor, der sich nicht an Hierarchien hält, sondern kreuz und quer herumspringt.

Abraham Maslows Modell entstand 1943, als man in der Humanistischen Psychologie sehr bestrebt war, die Antriebe für das menschliche Handeln zu klassifizieren. Maslows Einteilung unterscheidet sich in zwei Punkten deutlich von jenen Versuchen, die von anderen Wissenschaftlern vor ihm unternommen wurden. Er grenzt nicht nur einzelne Motive voneinander ab, sondern ganze Motivstufen. Und er reiht sie in einer wertbezogenen Hierarchie nach ihrer Rolle in der Persönlichkeitsentwicklung. Die Spitze der Maslow'schen Bedürfnispyramide bildet dabei das Bedürfnis nach Selbstverwirklichung.

Der Zusammenhang mit der Entwicklung eines Menschen besteht in folgender Annahme: Sollte während der Entwicklung der Persönlichkeit und der damit verbundenen Bedürfnisse ein bestimmtes Bedürfnissystem nicht ausreichend befriedigt sein, dann könnten diese Bedürfnisse derart stark werden, dass sie unter Umständen ein ganzes Leben lang im Vordergrund stehen. Für das Verhalten eines Menschen würde das bedeuten, das ganze Leben von einem bestimmten Wunsch angetrieben zu werden und auf der Suche zu sein, und zwar nach etwas, das es für diese Person offensichtlich nicht gibt. Damit wäre deren Entwicklung zumindest sehr eingeschränkt. Maslow geht in seiner Theorie nämlich von einem *Prioritätenprinzip* aus, das linear von unten nach oben geht. Das heißt: Zuerst müssen die *niedrigen* Bedürfnisse befriedigt sein, damit *höhere* aktiviert werden können.

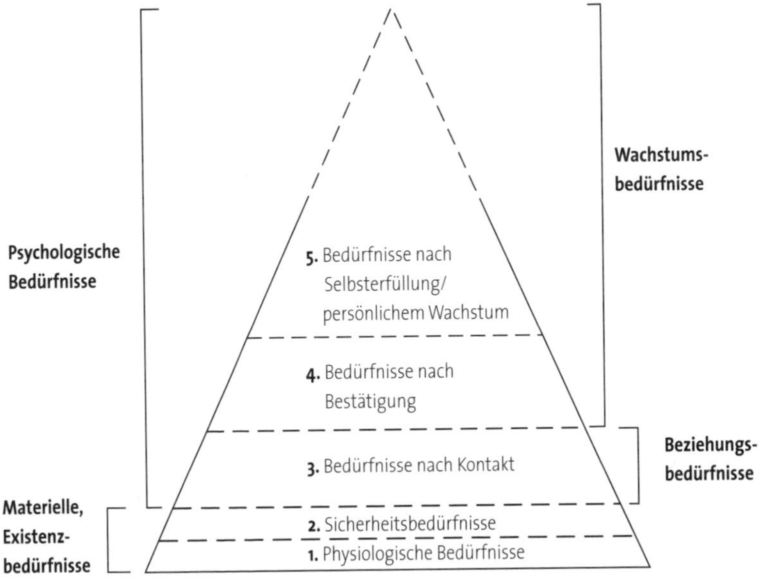

Die materiellen Bedürfnisse oder Existenzbedürfnisse – die erste und zweite Stufe

In diese Kategorie fallen die Bedürfnisse der ersten und zweiten Stufe. Jene der ersten Stufe werden auch körperliche Grundbedürfnisse genannt. Ihnen schreibt man im Zustand des Unbefriedigtseins die stärkste Antriebskraft zu, so dass kein soziales oder geistiges Bedürfnis ihnen – im Normalfall – gleichkommt. Sie beziehen sich auf unmittelbare Körperfunktionen. Geht es um das physiologische Überleben des eigenen Organismus, der eigenen Gene, dann stimmt dieser theoretische Ansatz. Dies bezieht sich dann in der Hauptsache aber doch eindeutig auf die erste Stufe der Pyramide, weniger auf die zweite, die so genannten Sicherheitsbedürfnisse. Wenn nämlich unser Überleben gefährdet ist, dann treten tatsächlich sämtliche anderen Bedürfnisse in den Hintergrund. Mitunter können in so einem Fall enorme Kräfte freigesetzt werden, die unter normalen Bedingungen gar nicht zur Verfügung stehen. Als Beispiele führe ich in meinen Seminaren die enorme Kraft an, mit der sich ein Ertrinkender an den Retter klammert, diesen nicht mehr loslässt und beinahe mit in die Tiefe zieht.

Vielleicht kennen Sie das Gefühl, das man unmittelbar nach einem so genannten Sekundenschlaf beim Autofahren hat. Stellen Sie sich vor, Sie nicken am Steuer Ihres Autos kurz ein, nur einen winzigen Augenblick lang. Plötzlich reißen Sie die Augen auf, sind mit einem Schlag wieder munter, mit einem Blick, ohne lange nachdenken zu müssen, erkennen Sie die Gefahr, verreißen Ihr Fahrzeug und haben wieder alles unter Kontrolle. Bei beiden Beispielen konzentriert sich unser Organismus ausschließlich auf das Überleben. Alle anderen Funktionen treten eindeutig in den Hintergrund. Die Reaktionen, die auf die Bedürfnisse des physiologischen Überlebens zurückzuführen sind, unterscheiden sich von allen anderen aber in einem Punkt: sie sind keine willentlich und damit kognitiv gesteuerten Aktionen, im Sinne eines Agierens.

Sie sind eher Reaktionen, die automatisiert erfolgen und von einem Gehirnteil gesteuert werden, der als der älteste einzustufen ist, dem Reptiliengehirn. Es schaltet sich immer dann über unser Denkhirn, wenn unser Sicherheitssystem aktiviert wurde, der Organismus Angriff oder Gefahr signalisiert. Dazu muss die Gefahr nicht wirklich lebensbedrohend sein wie in obigen Beispielen. Viel öfter wird das Reptiliengehirn durch Emotionen aktiviert, die wir subjektiv als Gefährdung interpretieren.

Das könnte dann der Fall sein, wenn wir in einer Diskussion felsenfest davon überzeugt sind, dass eine andere Person nur deshalb eine bestimmte Aussage getroffen hat, um uns damit anzugreifen oder bloßzustellen. Noch während dieser Gedanke in unserem Denkhirn abläuft, schaltet sich das Reptiliengehirn dazu, und schon reagieren wir. Meistens sind das dann Reaktionen, die für einen Dialog nicht sehr förderlich sind, denn wenn sich dieser älteste Gehirnteil einmal eingemischt hat, dann wird unser Verhaltensrepertoire stark beschränkt. Um exakt zu sein, bestehen dann nur noch fünf verschiedene Verhaltensmöglichkeiten:

1. aktivieren im Sinne eines Angriffs,
2. aktivieren im Sinne von Flüchten,
3. unterwerfen,
4. Hilfe suchen und
5. verstecken.

Aus diesen Überlegungen müssen wir diese erste Bedürfnisstufe doch etwas anders betrachten als die übrigen vier. In diese erste Stufe gehören auch das Bedürfnis, Hunger und Durst zu stillen, frische Luft zu atmen, ausreichend Schlaf zu finden, sich gesund zu wissen, sexuell aktiv zu sein, Bewegung und ein Dach über dem Kopf zu haben. Natürlich kann auch der Wertewandel die Bedürfnisse verändern. So waren in der Nachkriegszeit viele Leute in Europa froh, überhaupt etwas zu essen zu haben. Heute hat sich die Situation hierzulande weitgehend verändert. Es ist nicht mehr die Frage, ob es etwas zu essen gibt, sondern was und in welcher Reihenfolge gegessen wird.

In der zweiten Stufe von Maslows Bedürfnishierarchie geht es vor allem um die Vermeidung von Bedrohung und Gefahr sowie um die Absicherung des Lebens und des Wohlstandes, beispielsweise um Alters- und Pensionsvorsorge genauso wie um einen sicheren Arbeitsplatz und um ein damit verbundenes festes Einkommen. Aber auch um Sicherheit und

Schutz vor Schmerz, Furcht, Angst und Ungeordnetheit. Daher finden sich hier Bedürfnisse wie das nach Geborgenheit, jenes nach Grenzen, das nach Struktur und Ordnung und jenes nach Stabilität.

Bei den materiellen Bedürfnissen oder Existenzbedürfnissen gilt nach Maslow die Tendenz, dass befriedigte Bedürfnisse nicht mehr motivieren. Wenn man demnach satt wäre, müsste man aufhören zu essen. Wenn man seinen Durst gestillt hätte, müsste man aufhören zu trinken. Wenn man bereits ein Haus gebaut oder gekauft hat, müsste man davon ausgehen, dass es keine weiteren Träume über ein anderes Haus gibt usw., usf. Nun wissen Sie aber genauso gut wie ich, dass diese Beispiele nicht zutreffend sind. Viele Menschen essen und trinken auch dann noch weiter, wenn Hunger und Durst längst gestillt sind. Viele träumen auch von anderen Häusern, obwohl das, in dem sie leben, von ihnen selbst erbaut wurde. Das bedeutet, dass wir entweder den Grad der Bedürfnisbefriedigung nicht zufrieden stellend festlegen können oder aber dass sich in den Annahmen von Abraham Maslow ein Gedankenfehler eingeschlichen hat.

Die Beziehungsbedürfnisse – die dritte Stufe

Zu den Bedürfnissen der dritten Stufe in der Hierarchie von Abraham Maslow zählen vor allem der Wunsch nach Kontakt und Intimität, der Wunsch nach Geborgenheit und der Wunsch, Liebe zu geben und zu empfangen. Auch die Furcht vor Fremdheit und Einsamkeit gehören in diese Stufe.

Zwei große österreichische Bankengruppen setzen in ihrer aktuellen Werbelinie auf die Wirkung der Beziehungsbedürfnisse. So wirbt die Volksbankengruppe mit dem Slogan

Vertrauen verbindet. In erster Linie bezieht sich diese Aussage auf Geborgenheit und Kontakt, in zweiter Linie berücksichtigt sie aber auch die Sicherheitsbedürfnisse, also die zweite Stufe der Pyramide. Die Raiffeisengruppe ihrerseits konzentriert sich ausschließlich auf die Beziehungsbedürfnisse. Der Hauptslogan heißt: *Mein Land, meine Bank. Raiffeisen.* Damit soll den Rezipienten offensichtlich sowohl ein Zugehörigkeits- als auch ein Kontaktgefühl vermittelt werden.

In Unternehmen lassen sich die Beziehungsbedürfnisse beispielsweise umso besser befriedigen, je besser das Betriebsklima empfunden wird. Auch der Wunsch, bei der Arbeit einem funktionierenden Team anzugehören, drückt die Bedürfnisse dieser Stufe aus. Dem entspricht im Privaten der Wunsch, zu einer homogenen Gruppe zu gehören, etwa einem Verein, einer Clique oder auch einer Sekte. Hier spielen Beziehungen tatsächlich eine große Rolle. Dazu kommt, dass diese Zugehörigkeit auch durch äußere Zeichen demonstriert wird. So bemalt sich der Fußballfan mit den Clubfarben im Gesicht und trägt das Leibchen seines Teams, trägt das Lions-Mitglied das Clubabzeichen am Anzug auf der linken Brust, sprechen die Ritter der Schlaraffia ihre eigene Sprache, tragen Skinheads ihre typischen Frisuren usw. Bei vielen Clubs und Vereinen spielen aber nicht nur die Bedürfnisse der dritten Stufe eine entscheidende Rolle. Oft sind sie mit jenen der vierten, nämlich dem Bedürfnis nach Achtung und Anerkennung, verbunden.

Die Wachstumsbedürfnisse – die vierte und fünfte Stufe

Als Wachstumsbedürfnisse werden jene der vierten und fünften Stufe bezeichnet. Es handelt sich vorwiegend um solche, die für persönliches Wachstum und Weiterentwicklung bestimmend sind. Im Unterschied zu den Existenzbedürfnissen gilt hier, dass Erfolgserlebnisse zu weiteren Aktivitäten motivieren.

Geht es nach Maslow, sind das also die Bedürfnisse, die nach mehr verlangen. Für alle anderen Gruppen konstatiert der amerikanische Psychologe diese besondere Eigenschaft nicht. Die Bedürfnisse der vierten und fünften Stufe sind also jene, denen Maslow tatsächlich Motivationskraft zuschreibt. Man kann sich das auch als das Hinaufklettern auf eine Leiter vorstellen. Mit jeder Sprosse, die man erreicht hat, spürt man den Erfolg. Und mit jedem Erfolgserlebnis will man weiter nach oben, immer weiter. Darüber schreibt auch Reinhold Messner in seinem beeindruckenden Buch *Berge versetzen*, indem er seine Motivation als Grenzgänger darstellt:

Sich selbstbewusst an den Rand seiner Möglichkeiten und Existenz führen und dabei immer wieder einen Schritt weitergehen, ohne dabei umzukommen. Die Ziele wurden immer anspruchsvoller. Nun hat die Erde nach oben tatsächlich ein Ende; sie gipfelt im höchsten Berg der Welt.

Die erste Stufe der Hierarchie der Wachstumsbedürfnisse betrifft Bestätigung, Achtung und Anerkennung, entspricht also der vierten Stufe in der Bedürfnispyramide. Hier unterscheiden wir grundsätzlich das Bedürfnis nach Selbst- und das Bedürfnis nach Fremdwertschätzung. Zu den wichtigsten Bedürfnissen der Selbstwertschätzung gehören jene

- nach Leistung,
- nach Stärke und
- nach Freiheit.

Maslow weist zwar in seiner Theorie nicht explizit auf die Leistungsmotivation hin, in seiner Hierarchie ist sie aber eindeutig in der vierten Stufe angesiedelt. So steckt hinter diesem Bedürfnis der Wunsch, etwas Besonderes zu machen oder etwas besonders gut zu machen.

Für die Arbeitsmotivation ist dabei von besonderem Interesse,

1. ob es Arbeitnehmern gelingt, dieses Bedürfnis durch die Tätigkeiten in ihrem Beruf zu befriedigen oder ob sich Arbeitnehmer dafür Ersatzfelder wie Hobbys suchen müssen, und
2. ob es Führungskräften gelingt, das Bedürfnis nach Leistung auch zu wecken.

Immer wieder erzählen mir Seminarteilnehmer, die nur geringe Möglichkeiten sehen, ihr Leistungsbedürfnis in der Arbeit zu befriedigen, dass sie sich in anderen Gebieten spezialisieren und dort ihre Befriedigung und ihre Erfolgserlebnisse erhalten. Jeder braucht das Gefühl, etwas zu leisten. Es ist ein wesentliches Element für ein hohes Selbstwertgefühl. Woraus sich dieses für unser Verhalten so wichtige Empfinden zusammensetzt, und wie Sie es beeinflussen können, werden wir uns im zweiten Teil des *Treppenläufers* genauer ansehen. Ähnlich verhält es sich auch mit dem Bedürfnis nach Stärke. Dahinter steckt der Wunsch, etwas bewirken zu können und Einfluss zu nehmen, Probleme selber lösen zu können und etwas zu sagen zu haben. Dazu zählt auch der Wunsch nach Macht, das heißt andere beeinflussen und steuern zu können. Hinter dem Bedürfnis nach Freiheit schließlich steht der Wunsch, Handlungsspielräume zu nutzen und darin selbst entscheiden zu können.

Die fünfte und letzte Stufe von Maslows Bedürfnishierarchie bildet das Bedürfnis nach Selbstverwirklichung. Die Frage, was Selbstverwirklichung bedeutet, ist meines Erachtens nicht zufrieden stellend beantwortet. Das ist auch ein Kritikpunkt. Es wird zwar darauf hingewiesen, dass es vor allem darum geht, die Möglichkeiten des eigenen Daseins zu verwirklichen, aber das reicht nicht. Im Sinne von Maslow werden des Öfteren drei weitere Bedürfnisse zur Beantwortung dieser Frage angeführt. Der Motivationsforscher Hans-Jörg Herber, mit dem ich seit längerer Zeit immer wieder gemeinsam Seminar halte, hat diese weiteren drei Bedürfnisse etwas zugespitzt wie folgt formuliert:

- *Das Bedürfnis nach richtigen Bedingungen. Hier sind die Rahmenbedingungen gemeint, in denen sich Handlungen auch sinnrichtig abspielen können. So braucht der Sozialarbeiter Menschen, denen er helfen kann, der Offizier Rekruten, die er ausbilden kann.*
- *Das Bedürfnis zu wissen und zu verstehen. Damit ist gemeint, dass Menschen erkennen wollen, was die Welt im Inneren zusammenhält und im einfacheren Fall, was rundherum los ist.*
- *Das Bedürfnis nach Schönem. Bei diesem dritten Bedürfnis geht es schließlich darum, dass jeder Mensch in seinem Sinne schön sein möchte, Schönes haben möchte, Schönes wahrnehmen möchte und in einer schönen Umgebung leben möchte. Hier muss natürlich vermerkt werden, dass es sich bei der Einschätzung des Schönen um eine subjektive Kategorie handelt.*

Wie breit sich das Spektrum der Antworten auf diese Frage darstellt, verdeutlichen Antworten wie, Selbstverwirklichung habe zum Ziel, *das man innere Reife erlangt, sich selbst entfaltet, im Beruf und in der Freizeit*, oder die Aneinanderreihung von 13 Eigenschaften, die für Selbstverwirklichung stehen. So erstrebenswert jedes Einzelne dieser Merkmale auch ist, als Antwort auf die Frage, was Selbstverwirklichung sein kann, ist das aber doch zu wenig.

Einen weiteren Kritikpunkt sehe ich in den Hypothesen der Bedürfnishierarchie, die entweder in die eine oder in die andere Richtung linear verlaufen. Maslows räumt zwar ein, dass es von der Persönlichkeitsstruktur und der individuellen Situation des Betroffenen abhängt, wieweit die niedrigeren Bedürfnisse befriedigt sein müssen, damit höhere aktuell werden können. Trotzdem bleibt er bei seiner *Hierarchie*, die davon ausgeht, dass die Bedürfnisse von unten nach oben befriedigt werden müssen.

Bedürfnisbefriedigung und Motivation sind aber keine linearen Funktionen, wie folgendes Beispiel zeigen soll. Ein Maler arbeitet nächtelang an seinem größten Bild, in dem er sich selbst verwirklicht sieht, obwohl Kühlschrank und Geldtasche beinahe leer sind. Wenn das ein Einzelfall wäre und sich derartige Ereignisse ausschließlich in der Kunstszene ereignen würden, könnte man es als temporäre Bedürfnisverschiebung werten. Aber solche Ereignisse finden sich in jedem beliebigen Lebensbereich und quer durch die verschiedenen Persönlichkeitsstrukturen.

Denken Sie nur daran, wie viele Leute Autos fahren, die sie sich eigentlich gar nicht leisten könnten. Die Bedürfnisse, die dahinter stehen könnten, sind jene nach Prestige und einem guten Image. Zu zeigen, was man hat und was man sich leisten kann, ist in der vierten Hierarchieebene angesiedelt. In einem derartigen Fall wäre die Befriedigung des Bedürfnisses nach Anerkennung und Bestätigung wichtiger als viele andere Dinge, die in den ersten drei Stufen liegen. So verwenden manche Leute ihre *Notgroschen* für die Anschaffung eines Kraftwagens oder finanzieren diesen über einen Kredit. Beide Varianten gehören in die zweite Stufe der Pyramide.

Es könnte aber auch ganz anders sein. Das Motiv, sich ein Fahrzeug zu kaufen, das man sich eigentlich nicht leisten kann, könnte nämlich auch erhöhte *Sicherheit* lauten. Für ein und denselben Vorgang können verschiedene Motive, aus allen Hierarchiestufen verantwortlich sein. Genau das ist die Kernaussage. Das *Entweder-oder-Denken* in Maslows Ansatz stellt somit einen Gedankenfehler dar.

Sieht man die Theorie Maslows im Kontext der Zeit, in der sie entwickelt wurde, dann wird diese Sichtweise aber verständlich. Damals waren viele Dinge eindeutig zuzuordnen. Gegen Ende des Zweiten Weltkrieges gab es die klare Unterscheidung in Ost und West, eine kausale Trennung in Gut und Böse oder auch in Gewinner und Verlierer.

Selbst die technische Logik aber kennt in der Fuzzy logic zwischen 0 und 1 verschiedene Möglichkeiten statt aristotelischer *Wahr- bzw. Falschaussagen.* Unsere Welt funktioniert in den meisten Belangen nicht nach einem *Entweder-oder-Prinzip*, auch wenn das vielleicht einiges einfacher machen würde, sondern nach einem *Sowohl-als-auch-Prinzip,* das auch für menschliches Handeln gilt. Um diesem Gedanken Rechnung zu tragen, habe ich das Modell der Bedürfnis-Pyramide in meiner Dissertation erweitert. Die Idee dazu kam mir, als ich nachdachte, wie man Selbstverwirklichung am besten beschreiben kann. Lange habe ich in der Literatur eine zufrieden stellende Antwort gesucht und – als keine zu finden war – dann, diesen für die Motivation so wichtigen Begriff selbst beschrieben. Mein Ansatz ist durch meinen Lehrer Hans-Jörg Herber geprägt. Auch er bietet eine andere Interpretation von Maslows Ansatz und sieht Selbstverwirklichung als *werden zu können, was man gemäß seinem inneren Bilde werden soll.*

In diesem Zusammenhang hat sich mir auch die Frage nach dem Sinn des Lebens gestellt, die ja mit der Selbstverwirklichung eng zusammenhängt. Ich kann mir vorstellen, dass Sie denken, die müsse jeder Einzelne selbst beantworten. Richtig. Und dies ist auch meine Antwort. Der Sinn des Lebens liegt darin, glücklich zu werden und herauszufinden, worin dieses Glück liegt!

Sie fragen sich, wie das gelingen kann? Es sind, wie wir schon besprochen haben, im Großen und Ganzen zwei Faktoren, die Sie dafür benötigen. Zum einen brauchen Sie eine klare Vision für Ihr Leben als Geschichte in Ihrem Kopf, und zum anderen brauchen Sie den Willen, den Einsatz und den Mut, diese Geschichte auch tatsächlich zu schreiben.

5.2 Visionen als Bilder der Selbstverwirklichung

Die wohl wichtigste Frage ist nun, was man unter einer Vision versteht. Für mich bedeutet eine Vision zu haben, zum einen zu wissen, was jemand mit seinem Leben anfangen möchte (mit seiner Firma, seiner Abteilung usw.) und welche Werte dahinter stecken. Können Sie sich noch an die *Jahreswechsel-Wünsche* erinnern? Deren Kraft verpufft deshalb so schnell, weil eben nichts dahinter steht. Es gibt keinen übergeordneten Gedanken, der dem Vorhaben einen konkreten Sinn gibt. Daher ist es kein Wunder, dass diese Art der Zielsetzung nur selten von Erfolg gekrönt sein kann.

Was immer Sie sich vornehmen: Prüfen Sie, wie dieses Vorhaben in Ihre Vision passt und welchen Stellenwert es einnimmt. Wenn sich jemand vornimmt, mehr Zeit für die Familie zu investieren, dann sollte sich diese Person auch klar machen, welchen Stellenwert die Familie in der übergeordneten Idee seines Lebens besitzt. Erst wenn das Ziel, mehr Zeit dem Partner und den Kindern zu widmen, zu einer Vision gehört, kann langfristig konsequent gehandelt werden. Ansonsten sind das bloße Lippenbekenntnisse, die man macht, weil die Familie einen entsprechenden Stellenwert besitzen sollte. Es könnte ein Mosaikteilchen einer großen Vision sein, das Bild im Kopf zu haben, mit seiner Familie gesund alt zu werden, sich noch um die Enkelkinder kümmern zu können, mit dem Ehepartner viele Reisen zu unternehmen und fit zu bleiben. Dann ergibt das Ziel, mehr Zeit mit der Familie zu verbringen, auch einen anderen Sinn.

In meinen Seminaren wurde mir bewusst, dass Menschen, die in ihrem Leben eine Vision im Sinne der oben angeführten Definition zu realisieren versuchen, wenige oder keine Motivationsprobleme haben. Freilich brauchen auch diese Personen Erfolgserlebnisse. Bestätigungen wie *Ziel erreicht* oder *der Vision wieder einen Schritt näher* sind für sie neuerliche Motivationsschübe.

Der Realitätsbezug zur Vision muss vorhanden sein, denn es bleibt kein Mensch erfolgsorientiert, wenn er über einen längeren Zeitraum keinen Treffer erzielt. Dies besagt die Verstärker-Theorie, die davon ausgeht, dass jenes Verhalten künftig häufiger auftreten wird, das bislang vorwiegend erfolgreich war und Anerkennung mit sich brachte.

Ich habe in den letzten zehn Jahren sowohl Unternehmen als auch Personen dabei unterstützt, ihre Visionen zu entwickeln. Dabei habe ich den Begriff des *Visions-Puzzles* geprägt, denn die verschiedenen kleinen Teile, die eine Vision erst zu einem großen Ganzen machen, kommen aus verschiedenen Stufen der Bedürfnishierarchie und orientieren sich nicht an linearen Zusammenhängen.

So spielt zum Beispiel die Gesundheit bei manchen Visionen eine sehr wichtige Rolle. Menschen, die sich aktiv darum bemühen, hören mit dem Rauchen auf, laufen regelmäßig und ernähren sich sehr bewusst. Bei anderen ist der sichere Arbeitsplatz ein Element ihrer Vision: Sie verzichten etwa zu Gunsten der Sicherheit auf ein höheres Gehalt oder andere Vorteile. Auch der Wunsch, in einer Großfamilie zu leben und viele Kinder zu haben, ist immer wieder Teil einer übergeordneten Gesamtidee. Für diese Personen ist es selbstverständlich, dass Eltern oder manchmal auch Großeltern mit im Haushalt leben und dass diese bei Bedarf auch betreut werden. Das bedeutet, dass Selbstverwirklichung, also die fünfte Stufe von Maslows Bedürfnishierarchie, keine lineare horizontale Funktion besitzt, sondern eine progressive vertikale Funktion. Allerdings stellt Selbstverwirklichung nicht die bloße Summe der unteren Hierarchiestufen dar, sondern eine Auswahl, die im Laufe der Sozialisation individuell getroffen wird.

Für jeden gibt es in jeder der Hierarchiestufen Themen, die individuell als motivierend empfunden werden können. Würde man etwa die Handlungen von Hobbyköchen und Gourmets linear horizontal betrachten, dann würde man sie in die Stufe der physiologischen Bedürfnisse einreihen. Diese könnten der Theorie nach nicht motivierend sein. Es gibt aber viele Menschen, die sich gut dadurch motivieren (lassen), in dem sie tolles Essen zubereiten und/oder verzehren. Wenn mein Freund und Kollege Sepp Wimmer kocht, wenn er Flusskrebse zubereitet, dann bedeutet das für ihn höchsten Genuss und tatsächlich auch länger anhaltende Motivation. Allein das Aussuchen des richtigen Weines ist eine besondere Herausforderung für ihn.

Tatsächlich zeigt sich in unserer Gesellschaft, dass Essen auch dazu benutzt wird, um soziale Sicherheit und Anerkennung zu erlangen. Das primäre Motiv, den Hunger zu stillen, ist zweitrangig. Es überwiegen Genuss und Geselligkeit. Mit der Art des Essens wird der soziale Status demonstriert, Lebensmittel werden als Attribute der Persönlichkeit aufgefasst.

So lässt sich die Maslow'sche Bedürfnispyramide auch anders darstellen, nämlich nicht als fünf lineare, waagerechte Untergliederungen der Pyramide, die keine gemeinsame Schnittfläche hat, sondern auch als eine Treppe. Jede einzelne Stufe beinhaltet potenzielle Themen zur Selbstverwirklichung und ist durch eine progressive, vertikale gemeinsame Fläche mit allen anderen Stufen verbunden.

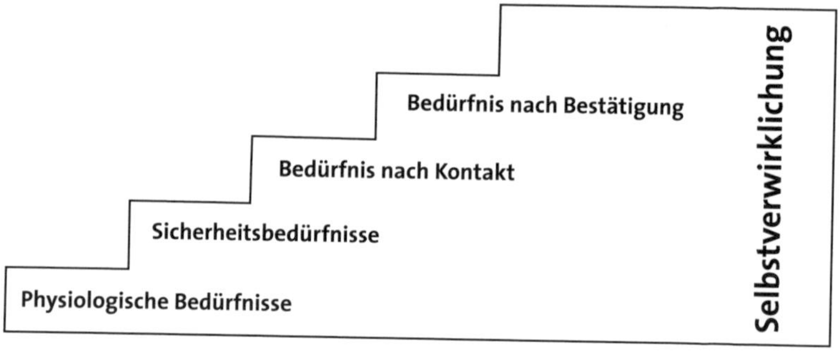

Was also ist nun Selbstverwirklichung? Das Bedürfnis nach Selbsterfüllung ist die *Verdichtung* der für das individuelle Glücksempfinden als entscheidend eingestuften Bedürfnisse. Wenn diese auch noch befriedigt sind, dann spreche ich von Selbstverwirklichung. Nur dann entsteht nämlich jene Authentizität, die Persönlichkeiten auszeichnet. Das ist jene Echtheit, die man dann auch mit seinem ganzen Körper ausdrückt, man kommt gut an und ist überzeugend. Erst wer tatsächlich nach seinen eigenen Vorstellungen lebt, wer selbst im Stande ist zu entscheiden, welche Bedürfnisse und Motive befriedigt sein sollen, wird das Gefühl der Selbstverwirklichung wirklich spüren können.

Mit anderen Worten bedeutet das, dass Selbstverwirklichung nichts anderes darstellt, als die Summe der realisierten Ziele, die sich aus der Vision, die ein Mensch verfolgt, entwickeln. Wichtig erscheint mir dabei zu sein, dass es keine Ausschlusskriterien mehr für Bedürfnisse gibt, die früher als niedere Bedürfnisse bezeichnet wurden und denen man keine motivierende Wirkung zugesprochen hat.

Motivation ist eben eine individuelle Angelegenheit, stellt sich für jeden Menschen vielleicht etwas anders dar und ist immer im Kontext der Situation zu bewerten, in der sie stattfindet. Natürlich laufen die grundsätzlichen Prozesse, wie wir gesehen haben, in ihren Strukturen bei den meisten gleich ab. Aber schon wenn wir die Dimension *Zeit* hinzunehmen, wird Motivation etwas sehr Individuelles. Wenn Sie sich an das Prinzip des Motivationsprozesses erinnern, wird ersichtlich, dass der Aufbau dieses Spannungsbogens bei jedem Menschen anders stattfindet, und zwar nicht nur in quantitativer Hinsicht, sondern auch in qualitativer.

Es ist eine unserer wichtigsten Aufgaben, herauszufinden, welche Themen, Bereiche und Ereignisse für uns motivierend sind. Wir sollten danach trachten, zu erfahren, was uns zu tollen Leistungen bewegt, um diese Erkenntnis dann so oft wie möglich für unsere persönliche Entwicklung zu nutzen!

Das Leben ist etwas so Großartiges und Wertvolles, und viele Menschen leben einfach darüber hinweg. Es ist zu kostbar, um es einfach verstreichen zu lassen. Wir sollten aus den Möglichkeiten, die wir haben, etwas machen. Dies ist nun kein Aufruf zur dauernden Aktivität und zur Ruhelosigkeit. Zu lernen, das zu sein, was man sein möchte und sein könnte, diese beiden Faktoren in Einklang zu bringen, ist wirkliche Lebensqualität.

Daher möchte ich Ihnen im zweiten Teil des *Treppenläu-*

fers einige Techniken, Modelle und Ideen vorstellen, mit deren Hilfe Sie herausfinden können, wie Sie sein wollen und wie Sie sich besser motivieren können.

Teil II

Schaffen Sie die Voraussetzung für Ihren persönlichen Erfolg

6. Steuern Sie Ihr Selbstwertgefühl auf Erfolgskurs

Wir selbst sind die Ursache all dessen, was uns geschieht
Meister Eckhart

Selbstbewusstsein. Das ist es. Genau das ist ein weiterer entscheidender Unterschied zwischen wenig und hoch motivierten Menschen. Zu wissen, was man zu leisten im Stande ist. Zu erkennen, dass man es für viele Bereiche selbst in der Hand hat, was geschieht. Zu wissen, dass das, was man tut, einen höheren Sinn hat. Einfach, ein verdammt gutes Gefühl zu haben, wenn man über sich selbst nachdenkt.

Woher ziehen nun motivierte Menschen dieses gute Gefühl? Es stammt aus einer Mischung von emotionalem Empfinden und kognitivem Bewerten. Das Selbstbewusstsein wird nämlich direkt durch das Selbstwertgefühl gesteuert. Jenem Gefühl, das erstmals von Alfred Adler beschrieben wurde und uns mitteilt, wie wir uns sehen, wie viel wir uns wert sind. Das Selbstwertgefühl ist wichtiger Bestandteil unseres Selbstkonzeptes, denn dieses ist es, das uns sagt, wer wir sind, was wir bewusst, aber auch unterbewusst glauben (dürfen). Es definiert unsere geistigen und körperlichen Möglichkeiten und Grenzen sowie unsere Stärken und Schwächen. Je stärker unser Selbstwertgefühl, desto höher auch unser Selbstbewusstsein. Und obwohl es *Selbst*wertgefühl heißt, wird dieses so wichtige Empfinden nicht nur in einem Selbst ausgelöst und reguliert. Für ein wirklich starkes Selbstwertgefühl brauchen wir auch die dementsprechenden Reaktionen unserer Umwelt.

Es sind vier Kernbereiche, die für die Stärke Ihres Selbstwertgefühles verantwortlich sind und deren Intensität immer wieder durch Ihren Organismus geprüft wird. Freilich merken Sie das nur sehr selten, da die meisten dieser Prozesse im Unterbewusstsein stattfinden.

Folgende grafische Darstellung zeigt Ihnen, wodurch das Selbstwertgefühl reguliert wird.

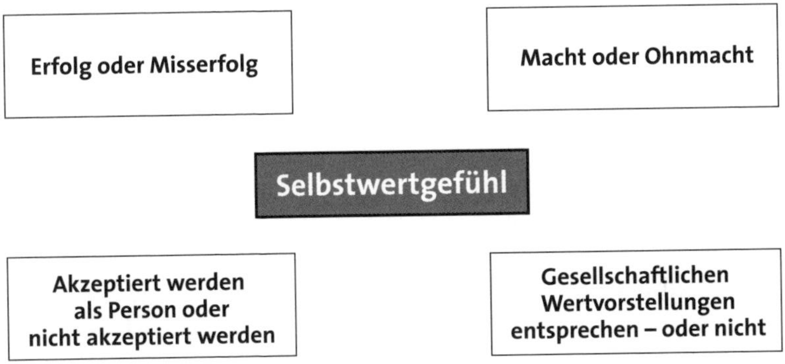

Erfolg oder Misserfolg?

Das Selbstwertgefühl prüft ständig, ob Sie das, was Sie tun, auch erfolgreich tun. Wir haben zu Beginn des *Treppenläufers* festgehalten, dass sich der Begriff *Erfolg* nicht eindeutig und eindimensional darstellen lässt und meist durch soziale und ökonomische Faktoren ausgedrückt wird. Im Zusammenhang mit dem *Selbstwertgefühl* ergeben sich zwei Perspektiven. Zum einen die subjektiv individuelle, zum anderen die der Umwelt. Individuell erfolgreich sind Sie dann, wenn Sie das, was Sie zu einem vorhergegangenen Zeitpunkt als Ziel definiert haben, auch tatsächlich realisiert haben. Wenn Sie das, was Sie tun wollten, auch tatsächlich getan haben. In den Augen Ihrer Umwelt werden Sie in der Regel dann erfolgreich sein, wenn Sie das, was Sie tun, so tun, wie man das von Ihnen erwartet.

Freilich gibt es auch Ausnahmen von dieser Regel. In manchen Fällen können auch Handlungen, die unerwartet erfolgen und nicht den allgemeinen Erwartungen entsprechen, zu großem Erfolg führen.

Wenn Sie erfolgreich sind, werden Sie etwas Besonderes erleben, das in der Motivationspsychologie beinahe wie ein Zauberwort wirkt, nämlich ein *Erfolgserlebnis*. Dieses für unsere persönliche Entwicklung so wichtige Gefühl tritt immer dann auf, wenn Sie zu sich selbst sagen können: *Ich habe es geschafft* oder *so habe ich mir das vorgestellt* oder *es ist noch besser, als ich mir das vorgestellt habe.*

Dieses Gefühl ist, auf Ihre Psyche bezogen, genauso wichtig wie Sauerstoff für unser physisches Überleben. Immer wenn das, was Sie gemacht haben, erfolgreich war, stärken Sie damit Ihr Selbstwertgefühl. Der erste und wichtigste Schritt dabei ist, sich selbst rückmelden zu können, dass die eigenen Handlungen erfolgreich waren. Das setzt voraus, dass Sie vor Ihrer Handlung darüber nachgedacht haben, zu welchem Ergebnis Ihre Aktivität führen soll, sich also ein Ziel gesetzt haben. Der zweite Schritt dabei ist, ob auch Ihre Umwelt Ihnen rückmeldet, dass das, was Sie getan haben, erfolgreich war.

Immer wenn Sie sich selbst Ihren Erfolg bestätigen und/oder er aus Ihrer Umwelt rückgemeldet wird, steigt Ihr Selbstwertgefühl. Immer, wenn Sie sich selbst einen Misserfolg rückmelden und/oder dieser aus Ihrer Umwelt bestätigt wird, sinkt Ihr Selbstwertgefühl. Hier sehe ich aber ein grundsätzliches Problem. Immer wieder kann ich beobachten, dass speziell in Österreich und Deutschland nach wie vor lieber über Misserfolge gesprochen wird als über Erfolge. Ganz nach dem Motto: *Gute Leistungen setze ich voraus, über schlechte reden wir sofort!* Und das betrifft nicht nur Unternehmen, sondern auch viele einzelne Personen.

Wie aber sollen sich Menschen motivieren oder motiviert werden, wenn sie andauernd zu hören bekommen, was sie alles nicht gut können. Viele tun sich sehr schwer, wenn sie erzählen sollen, was sie in letzter Zeit toll gemacht haben. In Seminaren fallen mir immer wieder Personen auf, die bei Übungen, in denen es um individuelle Erfolgserlebnisse geht, nicht wissen, was sie auf ihr Arbeitsblatt schreiben sollen. Die Blätter bleiben leer, und die Leute sind oft verunsichert. Sie sind es offensichtlich nicht gewöhnt, über Erfolge zu reden. In vielen Gesprächen wird meine Vermutung bestätigt. *Es ist alles normal, was ich mache, oder mir sagt niemand, dass ich etwas gut gemacht habe*, so oder ähnlich lauten die Aussagen der Betroffenen.

Dabei ist es von enormem Nutzen, mehr über erfolgreiche Handlungen zu reden als über erfolglose. Wir reproduzieren mittelfristig nämlich genau jenes Verhalten, über das am meisten gesprochen wird. Das hängt damit zusammen, dass unser Verhalten auch durch die Erwartungen, die an uns gestellt sind, gesteuert wird. Stellen Sie sich einen Mitarbeiter vor, der von seiner Führungskraft immer wieder hört, dass die Leistungen nicht entsprechen. Noch schlimmer sind Situationen, in denen es ein Mitarbeiter einem Chef niemals recht machen kann. Bestimmt können Sie auch abschätzen, welche Referenzerlebnisse sich im Gehirn des betroffenen Mitarbeiters abspeichern.

Dieses Phänomen nennt man den Pygmalion-Effekt. Dieser vom amerikanischen Psychologen Robert Rosenthal Ende der Sechzigerjahre so benannte Effekt bedeutet, dass wir nicht so sind, wie wir beurteilt werden, sondern dass wir genauso werden, wie wir beurteilt sind. Werden unsere Handlungen – durch uns und/oder unsere Umwelt – immer wieder positiv bewertet, werden wir uns positiv entwickeln. Die andere Möglichkeit hat Max Frisch in seinem Schauspiel *Andorra* ebenso eindrucksvoll wie tragisch dargestellt.

Daher: Nutzen Sie den Pygmalion-Effekt. Folgende Tipps werden Ihnen dabei helfen.

- Haben Sie genug Vertrauen in Ihre eigene Leistungsfähigkeit und in die anderer Personen.
- Trauen Sie sich selbst Erfolg zu und definieren Sie Ziele, die Sie erreichen können, wenn Sie sich anstrengen.
- Trauen Sie auch anderen Erfolg zu (Ihrem Partner, Ihren Kindern, Ihren Mitarbeitern ...),
- Sehen Sie bei sich selbst und anderen vor allem solche Leistungen, die gut gelungen sind.
- Sprechen Sie über Ihre Erfolge und die anderer Personen.
- Überlegen Sie sich positive Alternativen, ehe Sie jemanden kritisieren. Tadel des Tadelns wegen führt zu keinen positiven Veränderungen, sondern höchstens zu vermehrter Passivität.
- Machen Sie es sich zur Gewohnheit, Gutes anzuerkennen und zu verbalisieren. Geben Sie Ihrer Umwelt hauptsächlich positive Rückmeldungen, und Sie werden ebenfalls viele erhalten.

Ich selbst habe es mir zur Gewohnheit gemacht, auch kleine Leistungen anderer Menschen zu erwähnen, ob beim Friseur, in einem Restaurant oder an der Kasse im Supermarkt. Die Erfahrung, die ich damit gemacht habe, ist phänomenal. Die Menschen, an die meine Worte gerichtet sind, freuen sich und strahlen über das ganze Gesicht. Und das Tolle dabei ist, dass auch ich mich gut fühle und mit der Zeit selbst positive Rückmeldungen erhalte!

Macht oder Ohnmacht?

Hatten Sie schon einmal einen Albtraum? Hat Sie darin jemand verfolgt und Sie wollten weglaufen? Sie haben es mit aller Kraft versucht, immer wieder, und Ihr Verfolger ist näher und näher, bedrohlich näher gekommen. Aber Sie hatten keine Chance, von der Stelle zu kommen. Sie waren Ihrem Verfolger ohnmächtig ausgesetzt, und knapp bevor er Sie erreicht hat, wurden Sie munter. Vielleicht waren Sie schweißgebadet, wahrscheinlich raste Ihr Herz. Jedenfalls waren Sie erleichtert, als Ihnen bewusst wurde, dass Sie nur geträumt hatten.

Was war das wirklich Schlimme an diesem Albtraum? Richtig, es war die Ohnmacht, die Sie verspürt haben. Sie hatten keine Chance, die Situation zu ändern, zu beherrschen, Sie konnten sich nicht in Sicherheit bringen. Allein anhand dieses kleinen Beispiels sehen Sie, wie stark der Einfluss von Macht oder Ohmacht auf Ihr Befinden ist. Genau dieser Einfluss wird von unserem System ständig geprüft und wirkt sich direkt auf unser Selbstwertgefühl aus.

Mit Macht meine ich im Zusammenhang mit dem Selbstwertgefühl das Wissen um die Fähigkeiten, verschiedene Situationen selbst beeinflussen und gestalten zu können. Dazu gehört auch die Fähigkeit, bestimmte – meist sehr unangenehme – Situationen verlassen und beenden zu können. Macht bedeutet, das eigene Leben selbst in die Hand zu nehmen, aktiv und antizipativ zu sein sowie Einfluss auf andere Personen ausüben zu können. Macht bedeutet in diesem Zusammenhang aber auch, Kontrolle auszuüben. Und zwar über das, was geschieht. Sich sicher zu sein, dass das eigene Handeln Auswirkungen und Veränderungen nach sich zieht. Mit Macht meine ich auch, optimistisch zu sein und vieles für möglich zu halten. Wie wesentlich Optimismus für ein erfolgreiches Leben ist, hat der amerikanische Psychologe Martin Seligman, der Begründer der *Erlernten Hilflosigkeit* in seinem empfehlenswerten Buch *Pessimisten küsst man nicht* beschrieben.

Er meint, dass die Art, wie wir über unser Leben denken, die Kontrolle, die wir über es haben, verringert oder steigert. Unsere Gedanken sind nach Seligman nicht einfach Reaktionen auf Ereignisse, sondern sie beeinflussen auch das Geschehen.

Das meine ich eben, wenn ich von Macht spreche. Der felsenfesten Überzeugung zu sein, dass das eigene Denken das reale Geschehen beeinflussen kann, dass das eigene Handeln enorme Auswirkungen haben kann. Und zwar dann, *wenn es das Leben nicht gut mit einem meint,* dann, wenn man gescheitert ist, einen Misserfolg erlitten hat, wenn man *am Boden liegt.* Wenn Sie in solchen Situationen noch davon überzeugt sind, dass Sie alles wieder in den Griff bekommen, dann können Sie davon ausgehen, dass sich das sehr positiv auf Ihr Selbstwertgefühl auswirkt. Niederlagen können Ihnen dann nicht wirklich etwas anhaben, Sie wissen, dass Sie selbst die Möglichkeiten haben, die Situation zu verändern.

Ein wichtiger Grundsatz dabei ist das Lebensmotto des viermaligen Tour-de-France-Siegers Lance Armstrong. Er beschreibt in seinem spannenden und sehr beeindruckenden Buch *Tour des Lebens* seinen Weg vom Krebspatienten zum Toursieger. Armstrong litt an Hodenkrebs mit Metastasen im gesamten Körper. Die prognostizierte Überlebenschance des Rennfahrers wurde von den Ärzten mit drei Prozent beziffert. Können Sie sich vorstellen, wie Sie in einer solchen Situation reagieren würden? Drei Prozent Überlebenschance. Es klingt unglaublich. Und gerade in dieser Situation war das Lebensmotto von Armstrong Gold wert. Durch seine Mutter geprägt, lebt er heute noch nach dem Grundsatz *never give up!* Gib niemals auf!

Lance Armstrong meint, dass er auch *verdammtes Glück* gehabt hat, wieder gesund zu werden und wieder Radrennen fahren zu können. Dabei denke ich, dass es durchaus einen positiven Zusammenhang zwischen optimistischen Gedanken und Glück gibt. Wenn Ihre Gedanken positiv sind, wenn Sie vieles für möglich halten, wird Ihnen das, was wir Glück nennen, öfter passieren.

Vielleicht erinnern Sie sich jetzt an die *sich selbst erfüllenden Prophezeiungen*, die ich zu Beginn des *Treppenläufers* beschrieben habe. Ihre Vorstellungen steuern Ihr Verhalten!

Ohnmacht hingegen bedeutet das, was Martin Seligman die *Erlernte Hilflosigkeit* nennt. Er meint, sie ist die Reaktion des Aufgebens und des Resignierens. Sie wurzelt in dem Glauben, dass die Art des eigenen Handelns keine Rolle spielt. Ohnmacht ist die Ausweglosigkeit des Vorherbestimmten und Vorgegebenen, meint, dass in den eigenen Handlungen wenig oder gar keine Möglichkeiten liegen. Manche Menschen haben in dieser Beziehung ein ebenso einfaches wie gefährliches Programm entwickelt. Dieses sagt ihnen, dass es ihnen vorherbestimmt sei, unglücklich zu sein. Demnach können diese Menschen auch nicht zulassen, dass ihnen in der Realität Glück begegnet. Also kann nicht sein, was nicht sein darf. Besondere Erklärungsmuster sind die Folge, die diesen Personen eine Bestätigung ihrer Programmierung bietet.

Jedes Mal, wenn Sie denken, dass Ihr eigenes Handeln nicht wirklich etwas verändern kann, schwächen Sie damit Ihr Selbstwertgefühl. Tritt diese Erklärung über einen längeren Zeitraum auf, wirkt sich das nachhaltig auf das Selbstbewusstsein aus. Dies kann sogar die Selbstaufgabe eines Menschen zur Folge haben.

Menschen, die unter einem *Lebensohnmachtsgefühl* leiden, lesen unter normalen Umständen den *Treppenläufer* nicht; zumindest bewerten sie ihn anders. Denn sie denken in etwa: *Was kann mir dieses Buch schon helfen, es sind ja doch nur geschriebene Worte.* Oder: *Das funktioniert vielleicht bei anderen, aber sicher nicht bei mir!* Da Sie den *Treppenläufer* aber lesen, gehören Sie zu einer anderen Personengruppe. Sie gehen davon aus, dass es zu einem wesentlichen Teil in Ihrer Macht liegt, was mit Ihnen und um Sie herum geschieht. Sie sind wahrscheinlich auch davon überzeugt, dass es an Ihnen selbst liegt, was Sie aus den Inhalten dieses Buches machen.

Stärken Sie Ihr Selbstwertgefühl weiter, in dem Sie über folgende Hinweise nachdenken und sich für zumindest einen entscheiden, den Sie künftig umsetzen werden.

- Gehen Sie davon aus, dass das, was Sie heute denken, morgen schon Realität sein könnte.
- Widersprechen Sie vehement all jenen, die Ihnen weismachen wollen, wir Menschen wären das Produkt unserer Umwelt.
- Seien Sie davon überzeugt: Unsere Welt ist so, wie wir sie machen.
- Machen Sie *Gib niemals auf!* zu Ihrem Grundsatz.
- Steigern Sie Ihren Optimismus und sprechen Sie in positiven Worten.
- Gehen Sie davon aus, dass Ihre Erfolge auf Ihre Fähigkeiten und Ihren Einsatz zurückzuführen sind.
- Seien Sie entschlossen und gehen Sie die Dinge aktiv und zügig an.
- Akzeptieren Sie Misserfolge als Teil Ihres Handelns und versuchen Sie es mit einer anderen Strategie von vorne.
- Denken Sie daran, dass Sie zwar nicht immer die Wahl ha-

ben, was Sie tun, aber immer die Wahl haben, wie Sie es tun!

Ich bin der festen Überzeugung, dass Vera F. Birkenbihl Recht hat, wenn sie sagt, dass die sicherste Methode, die Zukunft erfolgreich zu meistern, jene sei, die Zukunft selbst zu gestalten! Ich denke, dass Sie, ich, wir, mit dieser Macht ausgestattet sind. Wir müssen es uns nur immer wieder bewusst machen, und vor allem sollten wir sie dementsprechend einsetzen!

Akzeptiert werden als Person oder nicht akzeptiert sein?

In unserer Gesellschaft hat es oft den Anschein, als ob es nichts Wichtigeres gebe als Leistung. Viele Menschen definieren sich ausschließlich durch die Leistung, die sie zu erbringen im Stande sind. Das ist meines Erachtens um so bemerkenswerter, weil unser Selbstwertgefühl eben nur zu einem Teil von diesem Faktor beeinflusst wird. Mir fällt in diesem Zusammenhang immer wieder ein weit verbreitetes Phänomen auf, das man in etwa so beschreiben kann: Solange die Leistungen stimmen, ist man akzeptiert, entsprechen die Ergebnisse aber nicht mehr den Erwartungen, sinkt dadurch auch automatisch die Akzeptanz, die man als Person genießt. Dieses Prinzip lässt sich mit folgendem Motto darstellen: *Solange du etwas leistest, bist du okay, entspricht deine Leistung nicht mehr, bist du nicht mehr okay!*

Die beiden Faktoren *Leistung* und *Beziehung* stehen in einer Wechselbeziehung, die durch die eben beschriebene Bedürfnishierarchie dargestellt werden kann. Wenn die Beziehungsbedürfnisse eines Menschen nicht in jenem Ausmaß befriedigt sind, wie er sich das wünscht, dann kommt es oft zu so genannten Kompensationshandlungen. Diese finden in der Hauptsache auf der Leistungsebene statt. Geltungsstreben und Geltungsdrang können sich bis zur Geltungssucht steigern, sofern ein Mensch zu wenig Liebe, Geborgenheit und menschliche Wärme erfährt. Die mangelnde Akzeptanz lässt sich allerdings nicht, wie manche fälschlich meinen, durch erhöhten Arbeitseinsatz und durch besondere Leistungen ausgleichen. Wer in persönlichen Beziehungen ausreichend Anerkennung erfährt, braucht sich das nicht am *öffentlichen Markt* zu holen. Wenn Akzeptanz unabhängig von Leistung erfolgt, braucht man sie nicht durch Position und Erfolg im Berufsfeld zu erzwingen. Die ständige Vermischung von sachlichen und sozialen Bezügen findet nicht statt.

Auch in der Erziehung beherrscht dieses Prinzip immer wieder Beziehungen zwischen Eltern und Kindern. Stellen Sie sich ein Schulkind vor, das über einen längeren Zeitraum erfährt, das es nur dann volle Akzeptanz bei den Eltern genießt, wenn die Leistungen in der Schule sehr gut oder gut sind. Mit welchen Defiziten im emotionalen Bereich und mit welchen Einstellungen dieses Kind aufwächst, kann man sich denken.

Aus derartigen Sozialisationen entstammen oft jene Menschen, die verbissen auf Leistungen aus sind. Sie haben dann wiederum selbst Probleme im emotionalen Bereich. Das Gefühl, wertvoll zu sein, auch wenn ihre Leistungen nicht besonders gut sind, kennen sie nicht. Also versuchen sie um jeden Preis Anerkennung auf anderen Ebenen zu bekommen. Es sind oft jene Kollegen, bei denen man Lust und Spaß, Freude und Lockerheit bei der Arbeit vermisst. Auch wenn sie für ihre Leistungen tatsächlich besondere Anerkennung erhalten, ist ihr Selbstwertgefühl nur oberflächlich ein starkes. Im emotionalen Bereich bleibt ein Defizit zurück, das nicht verdrängt werden kann. Dementsprechend formulierte Alfred Adler das Selbstwertgefühl als *emotionale Qualität*. Es differenziert deutlich zwischen Leistung und Akzeptanz der Person. Die Leistung ist, wie wir schon gesehen haben, dem Faktor Erfolg zugeschrieben; die Akzeptanz bezeichnet hingegen, ob sich eine Person unabhängig von ihren Leistungen in einer Gruppe, in einem sozialen Gefüge akzeptiert fühlt.

- *Bin ich auch dann volles Mitglied, wenn meine Leistungen schwach sind?*
- *Wie lange trägt mich ein System?*
- *Wie reagiert meine unmittelbare Umwelt, wenn meine Leistungen nicht besonders sind?*

Die Antworten auf diese Fragen regulieren ebenso unser Selbstwertgefühl wie die beiden beschriebenen Faktoren.

Ein sicheres Zeichen, ob Sie als Person in Ihrem sozialen Gefüge unabhängig Ihrer Leistungen akzeptiert sind, ist Ihr Verhalten und Ihre Einstellung gegenüber Fehlern, die Sie machen. In Gruppen, in denen Leistung der wichtigste Indikator für die Akzeptanz eines Mitgliedes ist, wird nicht offen über Fehler gesprochen werden.

Vielmehr könnte man dort den Eindruck gewinnen, dass überhaupt keine Fehler passieren, denn man kehrt sie unter den großen *Zauberteppich*. Das ist ein Gruppenstandard, über den zwar niemals offen gesprochen wird, den aber trotzdem alle kennen und einhalten.

In echten Teams wird zwar von den Mitgliedern ebenfalls Leistung verlangt und erwartet, die Akzeptanz der einzelnen Personen hängt aber nicht ausschließlich davon ab. So werden Fehler offen besprochen, und allen ist klar, dass aus Fehlern für die Zukunft gelernt werden kann. Einzelne haben keine Angst davor, Fehler zu machen. In einer derartigen Umgebung kann man sich entwickeln. Zudem gibt es einen weiteren entscheidenden Punkt: Menschen, die sich sicher und wohl fühlen, haben kein Motiv und somit kein Interesse andere anzugreifen oder niederzumachen. Im Gegenteil, hier wird man beobachten können, dass mit Freude und Lockerheit an die Arbeit gegangen wird und dass diese Personen Spaß daran haben, besondere Leistungen zu erbringen. In solchen Gruppen finden sich Leistungen von anderen anerkannt, auch wenn es nicht immer Topleistungen sind. Menschen, die in einem derartigen Umfeld leben und arbeiten, stärken ihr eigenes Selbstwertgefühl durch die Art und Weise, wie sie mit ihren Mitmenschen umgehen. Dies ist auch die Antwort auf die Frage, was Sie als Einzelner im Sinne der persönlichen Akzeptanz tun können, um Ihr Selbstwertgefühl weiter zu erhöhen und abzusichern:

- Leben Sie nach dem bekannten wie einfachen Motto *Wie man in den Wald hineinruft, so schallt es zurück.*
- Unterstellen Sie den Menschen in Ihrer Umgebung – besonders denen, die Sie neu kennen lernen – dass diese okay sind.
- Geben Sie ausreichend Vertrauensvorschuss, nach dem Motto *Vertrauen ist die Leistung des Stärkeren.*
- Machen Sie anderen Personen verbale Freuden, indem Sie auf Positives aufmerksam machen.
- Lächeln Sie andere Personen an.
- Seien sie freundlich zu anderen, auch in kritischen Situationen.
- Machen Sie sich klar, dass Sie Fehler machen und sprechen Sie mit anderen darüber.
- Bewerten Sie Fehler nicht als Katastrophe, sondern als Erkenntnis, dass es mit der versuchten Strategie nicht geht.
- Akzeptieren Sie sich selbst, mit Ihren Fähigkeiten, Stärken

und Schwächen, denn wer sich selbst nicht anerkennt, wird auch von anderen nicht akzeptiert werden.

Sie sehen, bei diesem Faktor gibt es im Gegensatz zu den beiden anderen eine Art Umwegrentabilität. Indem Sie andere unabhängig von deren Möglichkeiten und Leistungen akzeptieren, schaffen Sie eine Voraussetzung, dass auch Sie dank Ihrer Persönlichkeit von Ihrer Umgebung anerkannt werden. Und zwar auch dann, wenn Ihre Leistungen einmal eine Zeit lang nicht besonders gut sind. Dafür gibt es einen treffenden Vergleich.

Stellen Sie sich vor, Sie besitzen eine Torte, die in zwölf Stücke geteilt ist. Mit jedem Stück, das Sie verschenken, geht eines verloren. Emotional betrachtet sieht das freilich anders aus: Mit jedem Stück, das Sie hergeben, bekommen Sie wiederum eines zurück. Unter Umständen ist das neue Stück sogar größer als das von Ihnen gegebene. Vielleicht erhalten Sie auch nicht bloß ein Stück, sondern zehn zurück! So wird Ihre Torte niemals alle. Ist dies nicht eine tolle Vorstellung?

Gesellschaftlichen Wertvorstellungen entsprechen

Schließlich wirkt noch auf unser Selbstwertgefühl ein, ob das, was wir tun, mit den allgemeinen Wertvorstellungen unseres gesellschaftlichen Systems übereinstimmt. Dahinter stecken moralische und ethische Fragestellungen. Je größer die Übereinstimmung zwischen Ihrem Handeln und den Werten unserer Gesellschaft ist, desto höher ist auch Ihr Selbstwertgefühl. Die meist versteckten Fragen, die dahinter stehen, sind

- *Welchen «höheren Sinn» hat das, was ich tue?*
- *Wem nützt das, was ich tue?*

- *Verhalte ich mich so, wie man es von mir in meiner Funktion (zum Beispiel am Arbeitsplatz) und in meiner Rolle (zum Beispiel als Vater) erwartet?*
- *Halte ich die grundsätzlichen Regeln unseres Zusammenlebens ein?*

Im Gegensatz zu den drei anderen Steuerungsfaktoren ist dieser vierte in einem übergeordneten Sinn zu verstehen und wird nicht von Person zu Person abgehandelt. Wir haben ja die Frage, ob Sie andere Menschen – Ihre Mitarbeiter und Kollegen, Kinder und Partner – motivieren können, bereits mit einem eindeutigen Ja beantwortet. Wenn Sie jetzt davon ausgehen, dass motivierte Menschen auf ein hohes und stabiles Selbstwertgefühl zurückgreifen können, dann wird Ihnen auf den letzen Seiten bewusst geworden sein, welche Möglichkeiten sich Ihnen bieten. Sie können auch ganz kleine Erfolge rückmelden und den Menschen in Ihrer Umgebung die Möglichkeit geben, selbst gestalten und wählen zu können, und Sie können diese Personen akzeptieren, ohne permanent auf deren Leistungssoll zu schauen.

Mit jeder dieser Maßnahmen erhöhen Sie das Selbstwertgefühl dieser Personen. Schwieriger ist es, das Gleiche beim vierten Faktor *gesellschaftlichen Wertvorstellungen entsprechend* zu tun. Da dieser Einflussbereich nicht direkt an der handelnden Person festgemacht ist, sondern das ganze übergeordnete gesellschaftliche System mit einschließt, können wir auch nicht direkt darauf Einfluss nehmen.

Bleibt noch eine Frage zu beantworten, die mir in Seminaren und Trainings sehr oft gestellt wird, nämlich die, ob man ein zu hohes Selbstwertgefühl haben kann. Die Antwort ist eindeutig: *Nein.* Ein zu hohes Selbstwertgefühl kann man nicht haben. Hinter dieser Frage steckt die Beobachtung, dass manche Menschen ein übertriebenes Selbstwertgefühl zur Schau stellen, das sich mit den Begriffen *Arroganz, Wichtigtuerei* und *Angeberei* beschreiben lässt. Dies deutet klar auf eher zu wenig als zu viel Selbstwertgefühl hin. Durch diese besonderen Verhaltensweisen wird versucht, den Mangel zu überspielen, ein Defizit zu kompensieren. Sie können genau so wenig ein zu hohes Selbstwertgefühl haben, wie Sie zu viel gesund sein können.

Wenn Sie sich selbst dauerhaft höher motivieren wollen, dann arbeiten Sie an Ihrem Selbstwertgefühl. Wählen Sie aus den ersten drei Steuerungsfaktoren zumindest jeweils einen Gedanken, den Sie weiterverfolgen möchten. Es hilft Ihnen vielleicht auch, ihn mit einer anderen Person zu besprechen, sich über Ihr Vorhaben und die Umsetzung auszutauschen. Und da man an Ihrer Mimik und Gestik beobachten kann, wie hoch Ihre Motivation gerade ist, werden die Menschen in Ihrer Umgebung auch feststellen können, dass Sie als Persönlichkeit gefestigter und stabiler erscheinen. Menschen mit einem hohen und stabilen Selbstwertgefühl legen auch sehr großen Wert darauf, die für sie passenden Herausforderungen sowohl im privaten als auch im beruflichen Bereich zu meistern. Die nächste Methode, die ich Ihnen vorstellen möchte, wird Ihnen dabei sehr hilfreich sein.

7. Das Biermodell© – Eine neue Motivationsmethode

Für das Können gibt es nur einen Beweis,
das Tun!

Marie Ebner-Eschenbach

Zu Beginn meiner Tätigkeit als Trainer, Berater und Coach bin ich regelmäßig auf eine Frage gestoßen, auf die ich zunächst keine Antwort geben konnte und die ich als des Pudels Kern in der Motivationsforschung betrachtete: *Unter welchen Voraussetzungen können Menschen über einen langen Zeitraum die größten Leistungen erbringen?*

Je öfter ich mit dieser Frage konfrontiert war, desto größer wurde die Spannung in mir, eine Antwort zu finden und geben zu können. Viele Kollegen begegnen dieser Frage mit der Individualität in der Motivationspsychologie: *Das kann man so nicht beantworten; das wird bei jedem Menschen anders sein; das hängt von der individuellen Struktur der jeweiligen Person ab.* Gewiß haben diese Kollegen recht – den Person-Situationsbezug der Motivation haben wir ja bereits zu Beginn des *Treppenläufers* besprochen. Und trotzdem waren mir diese Antworten zu wenig. Ich hatte zu Beginn noch keine Ahnung, wie es gehen könnte, aber ich wollte eine Methode finden, die eine gewisse Standardisierung in dieser Hinsicht zulässt, einen Ansatz entwickeln, der nicht nur an die Möglichkeiten der jeweiligen Personen geknüpft ist, sondern als allgemein gültiges Modell verstanden werden kann.

Durch meine praktische Arbeit in vielen Unternehmen diverser Branchen mit vielen verschiedenen Menschen und durch meine Doktorarbeit zum Thema *Arbeitsmotivation* wurde mir klarer, wie ein derartiges Modell aussehen könnte. Als ich dann mit dem Buch *Das Flow-Erlebnis* von Mihaly Csikszentmihalyi konfrontiert war, fiel es mir wie Schuppen von den Augen. Ich hatte meine Antwort auf die Frage: *unter welchen Voraussetzungen Menschen über einen längeren Zeitraum die größten Leistungen erbringen können?* Das Biermodell© war in seinen Grundzügen geboren; wissenschaftlich anerkannt wurde es 1999 mit der Approbation meiner Dissertation.

Können Sie sich noch an die Definition von Motivation erinnern, die ich im dritten Kapitel gegeben habe? *Ein sehr klares, konkretes Ziel vor Augen zu haben, zu versuchen es mit sehr hohem Einsatz zu erreichen und dabei konsequent bei der Sache zu bleiben!* Wir haben auch besprochen, dass Motivation zunächst nur eine erhöhte Handlungstendenz bedeutet und dass es weitere Zutaten braucht, damit konkrete Operationen starten: *Anreiz, Erfolgswahrscheinlichkeit* und die *Motivtendenz.*

In anderen Worten bedeutet das, dass hinter jeder motivierten Handlung zum einen eine konkrete kognitive Erwartung und zum anderen ein meist emotionaler Anreizwert steckt. Die Erwartung bezieht sich auf die Erfolgswahrscheinlichkeit (*Zu wie viel Prozent können wir mit Erfolg rechnen?*). Der Anreiz hingegen bezieht sich auf den Wert einer Aufgabe. Das Entscheidende dabei ist, dass die Kausalrichtungen der beiden Begriffe gegensätzlich verlaufen. Das heißt, je größer die Erwartung an eine bestimmte Aufgabe, umso kleiner ist der Wert, der ihr eben beigemessen wird. Wenn Sie also hundertprozentig wissen, dass Sie etwas locker und sowieso schaffen, dann werden Sie dieser Aufgabe wahrscheinlich einen geringen Wert zuerkennen.

Je kleiner aber die Erwartung an eine Herausforderung, desto größer ist der Wert, der ihr subjektiv beigemessen wird. Wenn Sie berechtigterweise davon ausgehen, an einer bestimmten Aufgabe zu scheitern, dann muss diese schon eine besondere Angelegenheit, also von besonderem Wert sein. In der Motivationswissenschaft nennt man diesen von James W. Atkinson entwickelten Ansatz das *Risikowahlmodell.*

Ein Beispiel aus dem Sport soll diese These verdeutlichen. Im Rahmen der nationalen Fußballpokal-Wettbewerbe kommt es immer wieder zu *David-gegen-Goliath*-Spielen, in denen Proficlubs aus den höchsten Ligen auf Amateurmannschaften aus unteren Ligen treffen. Für die Profis besteht also wenig Erfolgsanreiz, wenn sie etwa gegen einen Drittligisten antreten müssen, weil die Presse und die Fans einen klaren Sieg erwarten. Und tatsächlich verleiht diese Tatsache vielen Cupspielen diese besondere Brisanz, so dass Experten meinen, der Cup habe seine eigenen Gesetze. Belege dafür gibt es viele, ob in Österreich, Deutschland, der Schweiz, Italien oder Frankreich. Überall verlieren jedes Jahr in den Cupbewerben Profifußballer gegen Amateure. Die großen Clubs scheiden aus, nicht weil sie schlechter Fußball spielen, sondern weil sie in dieser Situation offensichtlich keine besondere Motivation entwickeln können (Natürlich spielen hier weitere Gründe ebenso ein Rolle). Gute Trainer schaffen es, Spieler trotz dieser Ausgangssituation dennoch so zu motivieren, dass sich in den meisten Fällen doch die höhere Qualität durchsetzt.

Für Ihre Motivation bedeutet das, dass nicht das *Nach-den-Sternen-Greifen*, versuchen, das Unmögliche zu erreichen, das ist, was Sie am stärksten motiviert, sondern dass sich bei einer Herausforderung Wert und Erwartung die Waage halten müssen, damit Sie tatsächlich Höchstleistungen erbringen können. Das Risikowahlmodell erklärt, wie das Anspruchsniveau – was sich jemand zu erreichen vornimmt – gesetzt wird. Davon hängt dann das Erfolgs- oder Misserfolgserlebnis nach der Tätigkeit ab.

Das bedeutet, die für die Leistungsmotivation günstigsten Anspruchsniveaus sind Aufgaben und Herausforderungen mit mittleren Schwierigkeitsgraden, die zu erreichen sind, wenn sich der Betroffene anstrengt, und bei denen sowohl Erfolg als auch Misserfolg gleichermaßen möglich sind.

Besonders attraktiv und anregend für Ihre Leistungsmotivation sind also mittelschwere Aufgaben. Das sind Herausforderungen, die zwar anspruchsvoll, aber noch erreichbar sind; sie entsprechen am ehesten dem, was Ihnen mit vollem Einsatz noch gelingt, ohne Anstrengung jedoch nicht. So erhalten Sie zudem verlässliche Rückmeldungen über den aktuellen Stand Ihrer Tüchtigkeit und Möglichkeit auf dem betreffenden Gebiet. Daher kommt auch die Forderung nach realistischen Zielen.

Wann aber kann eine Aufgabe für einen bestimmten Menschen als realistisch gelten? Ist es für die Amateure eines kleinen, drittklassigen Fußballvereins ein realistisches Ziel, die Profis eines großen Klubs aus der Bundesliga besiegen zu wollen? Oder wären damit die Amateure eher überfordert? Führen zu schwierige Aufgaben wie Spiele im Cup oder in der Champions League gegen scheinbar übermächtige Gegner nicht zu einer Art Übermotivierung und Verkrampfung, die sich durch eine erhöhte Anzahl von Fehlern (Fehlpässe, Fehlschüsse, Fouls, verbale Auseinandersetzungen mit Mitspielern oder den Schiedsrichtern …) in einem schlechten Ergebnis niederschlägt? Hier haben die Amateure einen entscheidenden Vorteil gegenüber den Profis. Sie können nämlich durch kognitive Leistungen wie mentales Training die Erfolgserwartung an das Spiel verändern, und trotzdem bleibt ihnen ein hoher Wert erhalten. Mit einem guten Trainer geht jeder Hobbyspieler mit der felsenfesten Überzeugung auf den Platz, doch eine Chance zu haben.

Die Erwartung wird aber niemals so hoch sein, dass sie in Überheblichkeit oder Unterschätzung des Gegners umschlägt. Für die Profis ist es umgekehrt ungleich schwieriger, den Wert zu erhöhen, denn der Gegner ist und bleibt eine Provinzmannschaft, gegen die man gewinnen muss und gegen die alles andere als ein Sieg lächerlich wäre.

Was also sind realistische Ziele? In meinen Augen sind es solche, die ein höchstes Maß an Leistungsmotivation nach sich ziehen. Das sind jene Ziele, die zwischen Unter- und Überforderung des Betroffenen liegen, also im *Flow-Bereich*. Darum geht es im *Biermodell*©. Und noch um ein Stückchen mehr. Es genügt nämlich nicht, dass Sie darauf achten, dass Ihre Ziele zwischen Über- und Unterforderung angesiedelt sind – das wäre nichts Neues. Mein Ansatz geht noch einen Schritt weiter und gliedert die Aufgaben, die in diesem Bereich liegen, noch einmal in drei Teile.

Dieses Modell habe ich zunächst für die Motivation am Arbeitsplatz entwickelt. Seit einiger Zeit freilich erkenne ich, dass das Grundprinzip auch für viele andere Bereiche Gültigkeit besitzt. So in der Partnerschaft und Familie, aber auch bei Hobbys oder beim Lernen.

Stellen Sie sich nun vor, Sie seien eine Führungskraft in einem Unternehmen – oder, wenn Sie das in der Realität sind, dann vergegenwärtigen Sie sich nun Ihre Position ganz deutlich. Sie sind aber nicht irgendeine Chefin oder irgendein Chef, nein, Sie sind besonders engagiert. Sie überlegen sich immer wieder, durch welche Aufgaben Ihre Mitarbeiter die größte Leistungsmotivation erreichen können. Dafür sind zunächst zwei Grundvoraussetzungen notwendig.

Zum einen müssen Sie den Schwierigkeitsgrad, das heißt die Anforderung der Aufgabe, möglichst exakt bestimmen können und zum anderen das Leistungsniveau ebenso genau einschätzen. Zudem sollten Sie in der Lage sein, die entsprechenden Elemente in ein Verhältnis zu setzen. Sie müssen sowohl die Situation als auch die Person berücksichtigen. Dafür eignen sich Personalentwicklungsinstrumente wie Tätigkeitsprofile oder Ablaufbeschreibungen auf der einen, Mitarbeiterbeurteilungskriterien auf der anderen Seite. Nun besteht aber das Problem, dass der Flow-Zustand nicht von objektiven, sondern vielmehr von subjektiven Wahrnehmungen abhängt. Als Führungskraft sind Sie also gut beraten, den betroffenen Mitarbeiter in Ihre Überlegungen einzubeziehen und in dieser Hinsicht Gespräche zu führen.

Noch effizienter ist es, wenn der Mitarbeiter selbst diese Einschätzungen vornimmt, so dass es statt einer Fremddiagnose durch die Führungskraft zu einer Selbstdiagnose durch den Mitarbeiter kommt. Gute Zielvereinbarungssysteme berücksichtigen diesen Ansatz. Jedoch sind sie in vielen Unternehmen und Organisationen noch lange nicht Standard. Der Grund dafür ist nach meiner Erfahrung das Misstrauen, das immer noch zwischen Arbeitgeber(vertreter) und Arbeitnehmer herrscht. Oft erlebe ich es, dass Führungskräfte grundsätzlich davon ausgehen, dass ihre Mitarbeiter nicht die *volle* Leistung bringen, wenn sie die Freiheit haben, zu wählen. Argumentiert wird dann auch mit Volksweisen wie *Der Mensch wählt immer den Weg des geringsten Widerstandes* usw. Jedoch lohnt es sich wirklich, davon auszugehen, dass die meisten Ihrer Mitarbeiter ihre Aufgaben noch besser erfüllen, wenn sie bei der Aufgabengestaltung und -vergabe mitreden können.

Wenn sich beispielsweise das Leistungsniveau eines Mitarbeiters im unteren Bereich befindet, weil dieser erst seit kurzem in der Organisation arbeitet und genau er mit Aufgaben betraut wird, die von ihrer Anforderung im oberen Bereich liegen, dann hat dieser Mitarbeiter kaum die Möglichkeit, Flow zu erleben, das heißt er wird auch keine hohe Leistungsmotivation aufbringen können, weil er mit den Aufgaben wahrscheinlich überfordert ist.

Nach Versuchen, die ich in Seminaren durchgeführt habe, haben Teilnehmer beschrieben, was sie empfunden haben, nachdem ich sie vor eine Aufgabe gestellt hatte, die sie nicht realisieren konnten, die sie überfordert hat. Die Reaktionen der Frauen und Männer waren durchaus unterschiedlich. In einigen Punkten ergaben sich freilich auffällige Übereinstimmungen. So berichteten die meisten von Stressempfindungen, als sie erkannten, die Aufgabe nicht lösen zu können. Zum Stress stellte sich bei vielen auch Unsicherheit ein, was sie nun tun sollten. Und je höher diese Unsicherheit empfunden wurde, desto mehr Stresshormone wurden ausgeschüttet. Bei diesen beiden Merkmalen herrscht meinen Aufzeichnungen nach sehr hohe Übereinstimmung. Etwas geringere Übereinstimmung ergab das nächste Merkmal. Aber immer noch auffällig viele teilten in der Analyse des Experimentes mit, dass sie Frusterlebnisse gehabt hätten, die sich bis zum Gefühl der Angst, die Aufgabe nicht lösen zu können und von den anderen Seminarteilnehmern als Versager abgeurteilt zu werden, gesteigert hätten (natürlich waren die anderen in das Experiment eingeweiht).

Ein anderer Fall wäre es, wenn sich beispielsweise das Leistungsniveau eines langjährigen, interessierten Mitarbeiters im oberen Bereich befindet und er dann mit Aufgaben betraut wird, die im unteren Bereich liegen. Auch er wird kaum die Möglichkeit haben, Flow zu erleben. Er wird keine hohe Leistungsmotivation aufbringen können, weil er mit den Aufgaben unterfordert ist.

Auch dazu habe ich in meinen Seminaren Experimente durchgeführt, indem ich Teilnehmern Aufgaben stellte, die äußerst einfach zu lösen sind und für die ich zudem viel zu viel Zeit vorgesehen hatte. Auch hier ergaben die Erzählungen der Betroffenen einige auffällige Übereinstimmungen.

Zunächst schilderten viele, dass sie die Situation gelangweilt hätte, nachdem sie begriffen hätten, wie einfach die Aufgabe zu lösen sei. Bei einigen führte diese Langeweile zu Stresserscheinungen (die auch dadurch verstärkt wurden, dass sich viele Teilnehmer die Frage stellten, was die *wirkliche* Aufgabe sei, denn so einfach könne es ja wohl nicht sein).

Viele waren auch frustriert, und einige gaben zu, *sauer* auf mich zu sein. Auch das erscheint gut nachvollziehbar zu sein, stellt Frustration doch die Verhinderung einer Bedürfnisbefriedigung dar (frustra, lat. = zwecklos, umsonst, vergeblich), wie sie für Über- und Unterforderung gilt.

Wir können also festhalten, dass durch Über- bzw. Unterforderung eine kausale Kette ausgelöst wird, die früher oder später zu ernsthaften Erkrankungen führen kann. Bei Überforderung führt diese Reihe von *Unsicherheit* zu *Stresssymptomen*, die wieder eine erhöhte *Fehleranfälligkeit* nach sich ziehen, und diese führen schließlich zu *Frustration*. Stellen Sie sich einen Menschen vor, der sich über einen längeren Zeitraum in dieser beschriebenen Situation befindet. Was wird die

Konsequenz sein? Wie wird es ihm gehen? Richtig, diese Verkettung führt früher oder später zu Angstzuständen und kann in schweren Fällen Depressionen erzeugen. Bei Unterforderung tritt eine beinahe identische kausale Kette auf, die sich nur durch die *Langeweile*, die von den Betroffenen zunächst empfunden wird, von der Ersteren unterscheidet. Auch hier ist das Ergebnis oft ein trauriges, denn es entstehen Angstzustände, die letztlich ebenso zu Depressionen führen können. Dabei spielt meiner Erfahrung nach die Zeitspanne, in der Mitarbeiter einer Über- oder Unterforderung ausgesetzt sind, eine wesentliche Rolle.

Wenn Sie an konkrete Situationen denken, in denen Sie sich überfordert gefühlt haben und diese dennoch erfolgreich, weil motiviert gemeistert haben – was war das Besondere an diesen Situationen? Neben vielen individuellen Antworten gibt es auch eine, die für die meisten Gültigkeit besitzt. Wenn wir wissen, wie lange eine Überforderung oder Unterforderung dauern wird, und dies in einer kurz bis maximal mittelfristigen Zeitspanne erfolgt, dann können wir durchaus sehr motiviert an diesen Aufgaben arbeiten. Wir können uns darauf einstellen und wissen, wann diese außergewöhnliche Situation zu Ende ist. Sind diese Zeitinformationen jedoch nicht verfügbar, dann führen sowohl Über- als auch Unterforderung zu den dargestellten kausalen Verkettungen.

Als ich aus dem Flow-Modell im Laufe der Zeit in der praktischen Umsetzung das *Biermodell©* erarbeitete, erkannte ich auch die Schwachstelle des Ansatzes von Csikszentmihalyi. Der Zusammenhang mit dem Risikowahlmodell wird nicht hergestellt. Beim *Biermodell©* gehe ich aber davon aus, dass der Anreiz, bei einer bestimmten Aufgabe Erfolg oder Misserfolg zu haben, in der Hauptsache von der wahrgenommenen Schwierigkeit dieser Aufgabe abhängt. Die subjektiv empfundene Schwierigkeit ist natürlich auch von der ausführenden Person abhängig, und zwar davon, welches Leistungsniveau sie für die Lösung der Aufgabe besitzt.

Gerade weil der Anreiz für eine bestimmte Aufgabe höher wird, je schwieriger sich diese darstellt (und umgekehrt), gehe ich beim *Biermodell©* davon aus, dass es selbst im Bereich des Flows, also jenem Bereich, in dem Aufgabenschwierigkeit und Leistungsmöglichkeit des Mitarbeiters übereinstimmen, noch sinnvoll ist, Aufgaben zu unterscheiden.

Wenn Sie sich nach dem *Biermodell©* organisieren, in Ihrem beruflichen Umfeld ebenso wie in Ihrem privaten Bereich, dann erzielen Sie noch einen besonderen Nebeneffekt, auf den ich erst vor kurzem gestoßen bin. Auch die Stressforschung beschäftigt sich mit Situationen, in denen Über- oder Unterforderung eine Rolle spielen. So wichtig die Produktion von Stresshormonen in Gefahrensituationen ist, so gefährlich ist sie im Alltag.

Dies lässt sich mit der *Yerkes-Dodson-Kurve (auf Seite 134)*, die den Zusammenhang von Stress und Verhalten beschreibt und die der deutsche Psychologe Eberhardt Hofman in seinem Buch *Weniger Stress erleben* eindrucksvoll beschreibt, gut darstellen. Auf dem obersten Punkt dieses Halbkreises ist die menschliche Leistungsfähigkeit am effektivsten, weil in der Situation der mittleren Aktivierung die Fähigkeit, unsere Erfahrungen und unser Wissen optimal einzusetzen, am besten genutzt werden kann. Steigt die subjektiv empfundene Aktivierung weiter an – im Sinne einer Überforderung –, dann wird unser Verhalten zunehmend ineffektiver. Stressüberproduktion ist in der Regel eine Reaktion unseres Organismus auf Gefahren. In solchen Situationen engt sich unsere Wahrnehmung ein, das Denken wird starr und unflexibel. Un-

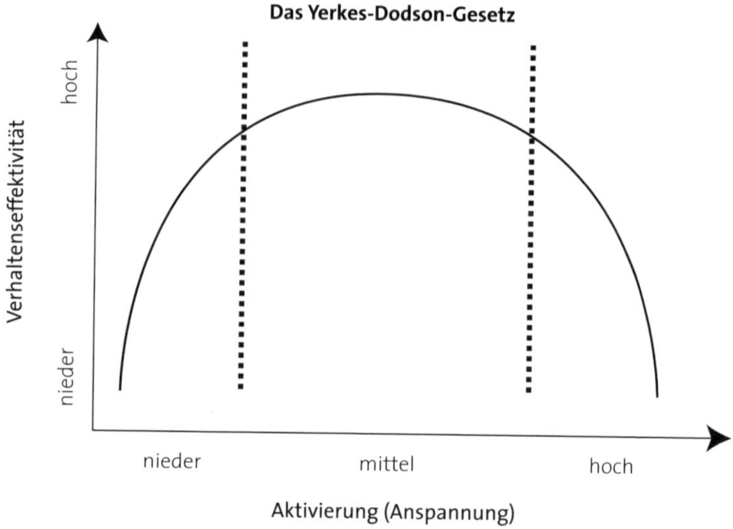

sere Fähigkeiten und unser Wissen stehen uns bei Stressüberproduktion nicht mehr so zur Verfügung, wie dies bei mittlerer Aktivierung der Fall ist.

Ein Beispiel aus dem Schulbereich verdeutlicht diesen Ansatz recht gut. Es gibt Schüler, die für anstehende Prüfungen rechtzeitig und gut lernen und auch genau wissen, was der Lehrer hören möchte. Und dennoch, die Situation der Prüfung versetzt diese Schüler in eine derartige Anspannung und Stresssituation, dass sie völlig blockiert sind. Das, was sie zu Hause noch auswendig einwandfrei wussten, ist plötzlich nicht mehr vorhanden, die Fähigkeit, das Wissen abzurufen, ist nicht nutzbar.

Wir sollten also danach trachten, den Stress, der uns antreiben, aber auch lähmen kann, auf einem optimalen, mittleren Niveau zu halten. Dann können Sie davon ausgehen, dass Sie sich in einer optimalen Aktivierung befinden, eine gesunde Anspannung erleben und in höchstem Maße leistungsfähig sind.

Viele Menschen erleben diesen Zustand jedoch nur sehr selten. Es sind nicht einmal die großen Ereignisse und Einschnitte in unserem Leben, die die besonders gefährlichen Stressoren darstellen. In der modernen Stressforschung hat man herausgefunden, dass es viel mehr die kleinen, täglich wiederkehrenden Dinge sind, die uns krank machen können. Dazu gehören auch Abläufe, die sich immer wieder gleich darstellen, die nichts Neues bieten, Routine also. Nicht umsonst spricht man auch von der *tödlichen Routine*. Und genau diese Routine, die uns in Beziehungen wie auch in unseren Berufen abstumpfen lässt, kann das *Biermodell©* verhindern.

Vielleicht fragen Sie sich schon seit einigen Seiten, warum dieser Ansatz *Biermodell©* heißt. Die simple Antwort findet sich in der optischen Gliederung eines Bierglases.

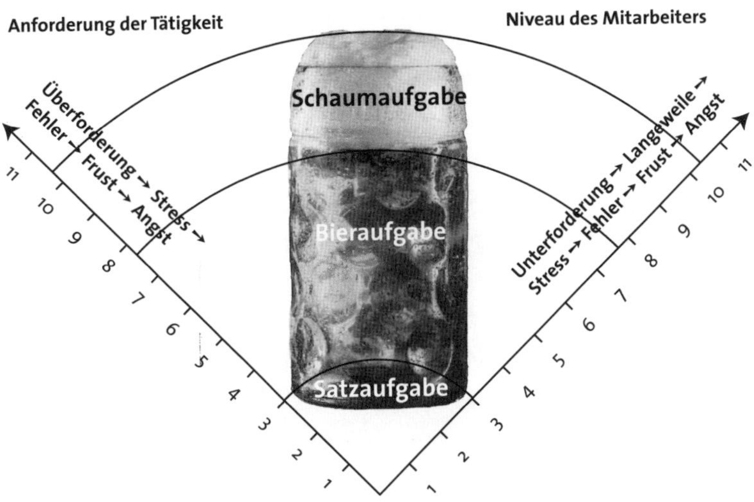

Die Krone des Bieres ist der Schaum, der in der Werbung immer besonders dargestellt wird; den größten Teil macht die goldene Flüssigkeit aus; und am Boden des Glases setzt sich der Satz an. Analog dazu gliedere ich den Flow-Bereich in drei Teile. Erstens in den Satzbereich, zweitens in den Bierbereich und drittens in den Schaumbereich.

Für diese Gliederung gilt: Je höher sich die Erfolgswahrscheinlichkeit darstellt, desto leichter wird die Aufgabe empfunden, und je geringer die Erfolgswahrscheinlichkeit ist, desto schwieriger ist die Aufgabe.

Die klassischen Flow-Aufgaben befinden sich in meiner Interpretation im Bierbereich. Das sind jene Aufgaben, die für den Mitarbeiter tatsächlich in einem mittleren Schwierigkeitsgrad liegen und die er bei entsprechendem Einsatz auch selbstständig erfolgreich realisieren wird (dieser Bereich entspricht bei Csikzentmihalyi dem gesamten Flow-Bereich). Entscheidend ist hier, dass der Mitarbeiter diese Herausforderungen selbstständig erfüllen kann und nicht auf fremde Hilfe angewiesen ist. Die Mehrheit der Einzelaufgaben – ungefähr zwei Drittel der Aufgaben eines Mitarbeiters – sollten dementsprechend Bieraufgaben sein.

Mit Bieraufgaben ist es freilich nicht getan, denn wo würde dann das Lernen neuer, schwierigerer Aufgaben stattfinden? Und wo Regeneration, die, wenn Sie nun wissen, unabdingbare Voraussetzung für dauerhafte Motivation ist? Deshalb gibt es auch den Schaumbereich mit den dazugehörigen Schaumaufgaben. Das sind jene, deren Erfolgswahrscheinlichkeit geringer ist und für den Mitarbeiter an einer oberen Schwierigkeitsgrenze liegen, ohne ihn aber tatsächlich zu überfordern. Schaumaufgaben beinhalten immer neue Aspekte, die der Mitarbeiter noch nicht kennt. Aber auch bei diesen Aufgaben kann man davon ausgehen, dass sie mit entsprechendem Einsatz und mit Unterstützung – von Experten oder von der Führungskraft – realisiert werden können. Sie sollten sich mit ca. 20 Prozent im Tätigkeitsprofil zu Buche schlagen.

Analysen in Unternehmen haben gezeigt, dass eher wenige Aufgaben tatsächlich Schaumaufgaben sind (hier kann das Verhältnis Schaum zu Flüssigkeit in einem vollen Bierglas als Bild verwendet werden).

Umso wichtiger ist es für eine Führungskraft, die Schaumaufgaben, die es zu realisieren gilt, nach individuellen Gesichtspunkten zu vergeben. Ähnlich der dritten Kategorie, den Satzaufgaben. Das schließlich sind jene, bei deren Realisierung möglicherweise sogar eine Art der Regeneration bzw. der Erholung stattfinden kann.

Zu ihnen zählen einfache Standards, deren Erfolgswahrscheinlichkeit als sehr hoch eingestuft wird, die an der unteren Grenze des mittleren Schwierigkeitsgrades liegen und trotzdem noch keine Unterforderung für den Mitarbeiter bedeuten, sondern eher einen Regenerationscharakter aufweisen. Oft sind das Dinge, die *eben auch getan werden müssen*. Der Anteil der Satzaufgaben im gesamten *Arbeitsmenü* sollte mit ca. 15 Prozent der geringste sein.

Die Aufgaben im Überblick

Aufgabe	Eigenschaften	%
Satzaufgabe	Aufgaben, die als sehr leicht empfunden werden und bei denen der Grad der Anstrengung, um sie erfolgreich zu realisieren, als niedrig angesetzt werden kann. Sie bieten im weitesten Sinne auch einen gewissen Grad an Regeneration, führen aber doch nicht zu Unterforderung, auch wenn sie manchmal an der Grenze liegen können.	15
Bieraufgabe	Aufgaben, bei denen man sich schon anstrengen muss, um sie wirklich erfolgreich zu realisieren. Bei entsprechendem Einsatz ist das ohne fremde Hilfe möglich. Diese Aufgaben bilden auch eine	65

Bieraufgabe	Herausforderung, wenn man sie sehr gut umsetzen will.	
Schaumaufgabe	Aufgaben, die als schwer bzw. sehr schwer empfunden werden und die auch mit der höchsten Anstrengung nicht alleine erfolgreich erledigt werden können, weil sie auch neue und fremde Elemente in sich tragen. Für diese Aufgaben braucht man zunächst Hilfe, Anleitung und Kontrolle.	20

Zwei entscheidende Bedingungen knüpfe ich nun an diese Motivationsmethode. Zum einen ist das die *zeitliche Rotation* von Satz-, Bier- und Schaumaufgaben, zum anderen die freie *Menüwahl.*

Mit der zeitlichen Rotation meine ich, dass wir – um wirklich dauerhaft motiviert und leistungsstark tätig sein zu können – in zeitlich begrenzten Intervallen Aufgaben aus allen drei Bereichen durchführen sollten: Schaum-, Bier- und Satzaufgaben sollten sich abwechseln. Dadurch entstehen immer wieder neue Anforderungen und Aktivierungsniveaus. Dies bietet einen guten Schutz gegen eine gleich bleibende und uninteressante Routine. Die freie *Menüwahl* bedeutet, dass es optimal wäre, wenn die Mitarbeiter ihre Aufgaben selbst wählen könnten.

Manchmal protestieren Seminarteilnehmer gegen die freie *Menüwahl.* Man könne doch die Mitarbeiter nicht selbst entscheiden lassen, was sie tun sollen, denn dann würden sie ja den Weg des geringsten Widerstandes gehen. Manche glauben auch zu wissen, dass bei freier *Menüwahl* keiner ihrer Mitarbeiter mehr arbeiten würde. Oft kommt auch das Argument, dass dann jeder das machen würde, was er wolle.

Dafür habe ich mir eine Replik überlegt. Wenn diese Argumente angeführt werden, informiere ich die Seminargruppe vor dem nächsten Essen (mittags oder abends) von folgender Überraschung: Ich behaupte, dass ich die Speisenfolge für das kommende Essen geändert hätte, obwohl die Teilnehmer auf einer Karte ihre Menüwünsche bekannt gegeben haben. Bis zu diesem Zeitpunkt weiß ich, was die meisten nicht besonders gerne essen. Genau diese Speise führe ich dann an und argumentiere mit irgendwelchen fadenscheinigen Ausreden.

Dabei spreche ich in der Hauptsache mit jenen, die zuvor beim *Biermodell*© gemeint haben, dass die freie Wahl der Aufgaben nicht möglich wäre. Schon nach kurzer Diskussion gelingt es immer wieder, die meisten zu überzeugen, dass es ja keine bessere Ausgangssituation für Höchstleistungen gibt, als dass jeder das macht, was er zum einen am besten kann und zum anderen am liebsten macht.

Diese beiden Aspekte stehen immer und bei jedem in einer direkten Verbindung. Das, was Sie sehr gerne tun, das können Sie in der Regel auch ganz gut, und das, was Sie ganz gut können, das tun Sie in der Regel auch ganz gerne. Bei Menschen am Arbeitsplatz ist das genauso.

Als Unterstreichung meiner Behauptung suche ich mir dann aus der Seminargruppe eine Person aus, die als Hobby eine Sportart angegeben hat. Wenn das etwa Tennis ist, dann stelle ich darüber einige Fragen: *Welche sind die Grand-Slam-Turniere? Wer ist die Nummer 1 der ATP-Weltrangliste bei den Damen bzw. den Herren? Wer gewann wie oft Wimbledon? Welcher Spieler hat den kräftigsten Aufschlag?* Die meisten Fragen werden immer wieder richtig beantwortet. Viele andere Teilnehmer – vornehmlich jene, die Tennis nicht interessiert – staunen dann. Nach den richtigen Antworten kommt meine entscheidende Frage: *Wie lange haben Sie gelernt, um diese Informationen alle zu wissen?* Die Person, die zu diesem

Zeitpunkt im Mittelpunkt steht, ist ob dieser Frage oft verwundert, zögert etwas und meint dann, sie habe diese Informationen nicht gelernt. Das seien Dinge, die man als Tennisspieler einfach wisse. Ich frage dann nach, weshalb man das einfach wisse, und erhalte immer wieder die gleichen Antworten: *Wenn man sich für etwas interessiert, wenn man was gerne tut, dann braucht man viele Dinge nicht angestrengt zu lernen, das meiste ergibt sich von alleine.* Diese Aussagen sind oft so überzeugend, das selbst die letzten Zweifler zustimmend nicken.

Die Diskussion über Routine und Abwechslung wurde übrigens bereits Mitte des 18. Jahrhunderts, beim Heraufdämmern des industriellen Kapitalismus, geführt. Damals gab es zwei Denkrichtungen, wohin sich immer wiederholende Arbeit entwickeln könne. Die positive und fruchtbare Ansicht über die Routine wurde von Denis Diderot vertreten und in seiner großen Encyclopédie (1751–1780) beschrieben. Die negative Seite vertrat Adam Smith, der die Folgen dramatisch in seinem Werk *Der Wohlstand der Nationen* (aus dem Jahr 1776) darstellte.

Diderot war der Meinung, die Arbeitsroutine könne wie jede andere Form des Auswendiglernens zu einem Lehrmeister der Menschen werden; Smith glaubte, Routine stumpfe den Geist ab.

Smith führte seine Ideen am Beispiel einer Stecknadelfabrik aus, in der jeder Arbeiter eine konkrete Aufgabe zu erfüllen hatte. Dieses Prinzip der Arbeitsteilung gibt dem Ausführenden keine Möglichkeit der Variation bzw. Flexibilität. Smith erkannte damals schon, dass die Arbeitsteilung in der Produktion die einzelnen Arbeiter zu einem abstumpfend langweiligen Arbeitstag verurteilte, bei dem sie Stunde um

Stunde mit einer immer gleichen Tätigkeit verbringen würden. An einem bestimmten Punkt wird die Routine selbstzerstörerisch, weil die Menschen die Kontrolle über ihre eigenen Handlungen verlieren; der Verlust der Kontrolle über die Arbeit bedeutet, geistig abzusterben. Wenn Sie sich an die Ausführungen zum Selbstwertgefühl erinnern: Dort habe ich die Bedeutung der Macht und Kontrolle auf die eigene Leistungsfähigkeit beschrieben.

Heute stellt sich diese Form in ihrer reinen Ausprägung als Fließbandarbeit dar. Es gibt sie aber nicht nur in Produktionsbetrieben, sondern überall dort, wo Menschen immer die gleichen Tätigkeiten durchführen (müssen), wo keine Möglichkeiten zur Abwechslung – im Sinne von Neuem bzw. anderen Schwierigkeitsgraden – bestehen. In Krankenhäusern, Banken und Versicherungen konnte ich dies oft beobachten – und daher das *Biermodell*© entwickeln.

Entscheidend für das Funktionieren dieses Prinzips erscheint mir auch die Abstimmung aller Einzelaufgaben aus den drei Schwierigkeitsbereichen mit einem übergeordneten Gesamtziel eines Teams und einer Organisation oder eines Unternehmens. Auch wenn Sie das *Biermodell*© für den nichtberuflichen Bereich anwenden wollen, sollten Ihre einzelnen Vorhaben auf ein übergeordnetes Ganzes abgestimmt sein.

Verschiedene Unternehmen und Organisationen, für die wir tätig sind, haben das *Biermodell*© bereits in ihren Arbeitsalltag übernommen. Arbeitsabläufe werden gemäß der Satz-, Bier- und Schaumaufgaben definiert, und die Mitarbeiter suchen sich tatsächlich ihr Arbeitsmenü selbst aus. Zuvor wurden in Projekten auch die für die Umsetzung notwendigen Personalentwicklungsinstrumente geschaffen – Mitarbeiterbeurteilungssystem; Funktionsanalysen und Funktionsbeschreibungen; Ablaufbeschreibungen usw. Folgende Tabelle zeigt, wie eine Aufgabenverteilung im Sinne des *Biermodells*© in einer Geschäftsstelle einer Bank (auszugsweise) aussehen könnte.

Aufgabenzuteilung im Verkaufsbereich einer Bank (Geschäftsstelle)

Bereich	Satzaufgaben	Bieraufgaben	Schaumaufgaben
Verkauf/ Geschäftsstelle	Ablage Kontoauszüge «Post» Bar-Unbar Manipulation Inventuren Listungen	Kassa-Abschluss-führungen Kontoeröffnungen Privatkleinkredit Beratung im Sparbereich Einfache Versicherungen Kundenakquisition	Konditionengespräch Vermögensberatung Kommerz- und Sonder-kredite Kommerzkunden-akquisition Besondere Bankprojekte

Die Aufgabe der Führungskraft ist es, dabei zu beobachten, ob alle geforderten Tätigkeiten auch tatsächlich gewählt wurden. Die Führungskraft interveniert erst dann, wenn bestimmte Aufgaben nicht gewählt wurden oder wenn einzelne Mitarbeiter sich nicht an die Rotation halten.

In diesen Unternehmen versuchen die Führungskräfte im Rahmen der Möglichkeiten, dafür zu sorgen, dass ihre Mitarbeiter abwechselnd mit Bier-, Satz- und Schaumaufgaben konfrontiert sind. Für die Führungskräfte bedeutet das, dass sie sich mit jedem ihrer Mitarbeiter individuell auseinander setzen müssen. Denn einer besonderen Herausforderung muss man sich bei der Umsetzung des *Biermodells*© stellen, nämlich jener, dass die Schwierigkeit, die einer Aufgabe zugeschrieben wird, eine subjektive Empfindung ist. Objektiv schwierige oder einfache Aufgaben gibt es nicht.

Sie erinnern sich noch an den Beginn dieses Kapitels, als ich Sie bat, in die Rolle einer Führungskraft zu schlüpfen, die daran arbeitet, die Motivation ihrer Mitarbeiter langfristig zu erhöhen? Dieses Vorhaben war an zwei Bedingungen geknüpft. Zum einen an die Anforderung der jeweiligen Aufgabe und zum anderen an die Möglichkeiten der jeweiligen Person. Genau diese Tatsache begründet auch die Forderung, dass sich die Mitarbeiter das Arbeitsmenü selbst aussuchen sollten. Denn in der Regel weiß man selbst ganz gut, welche Aufgaben mit welchen Schwierigkeitsgraden ausgestattet sind. Was für die eine Person eine Bieraufgabe ist, kann für jemand anderen durchaus eine Satz- oder Schaumaufgabe darstellen. Das ist die besondere Herausforderung dieses Modells, wenn Sie es für eine Gruppe von Personen anwenden möchten. Denken Sie hingegen daran, sich selbst besser durch diese Methode zu motivieren, dann fällt diese Besonderheit weg.

7.1 Umsetzung des Biermodells©

Europaweit klagen bis zu 70 Prozent aller Arbeitnehmer über negativen Stress. Bereits jeder zehnte Firmenangehörige ist alkoholsüchtig oder zumindest -gefährdet. Das meinte der Wiener Universitätsprofessor Alfred Pritz in seiner Rede anlässlich eines Symposiums beim Psychotherapie-Weltkongress 2002 in Wien. Als wichtigste Ursachen für arbeitsbedingte seelische Störungen nennt der Wissenschafter und Therapeut unter anderem drei Faktoren, die in direktem Zusammenhang mit dem *Biermodell©* stehen.

Eine Arbeit, die nicht den Interessen des Menschen entspricht, kann langfristig krank machen. Mit der Umsetzung des *Biermodells©* soll genau diese Entfremdung vermieden werden. Die Mitarbeiter entscheiden sich im Rahmen der organisatorischen Möglichkeiten für jene Tätigkeiten, die sie am besten können und die ihnen am meisten Spaß machen.

Monotone Arbeiten belasten die Seele genauso wie Zeitdruck. Aber auch Menschen, die sich durch ihren Job unterbeschäftigt fühlen, können Probleme bekommen. Die zeitliche Abwechslung von Aufgaben mit unterschiedlichen Schwierigkeitsgraden bedeutet eine spannende Arbeitsweise, stellt immer wieder andere Herausforderungen an die Arbeitnehmer und verhindert monotones Tun. Auch die einfachen Aufgaben beim Biermodell© bedeuten noch keine Unterforderung.

Der dritte Faktor hängt mit dem Selbstwertgefühl zusammen. Alfred Pritz meint, dass Probleme entstehen, wenn die Arbeit des Einzelnen nicht gebührend anerkannt wird, denn dadurch verringere sich das Selbstwertgefühl.

Das *Biermodell©* geht davon aus, dass jeder das macht, wofür er sich am besten eignet. Es bricht mit den traditionellen Gedanken, dass jeder Mitarbeiter einer Gruppe gleich viel tun müsse. Vielmehr geht es von einem individuellen Ansatz aus. Und es bietet auch eine sehr gute Basis, den Arbeitnehmern ernsthaft zu vermitteln, dass sie nicht nur als Arbeitskräfte, sondern auch als Personen wichtig sind.

Umsetzung im Beruf

Die Umsetzung dieses Motivationsansatzes in Ihrem beruflichen Alltag verlangt im ersten Schritt eine exakte Funktionsanalyse Ihrer Tätigkeit. Schreiben Sie zunächst alle Abläufe nieder, die Sie in Ihrem Job durchführen müssen und selber erledigen. Machen Sie das nach den Regeln eines Brainstormings: Zuerst schreiben, dann näher darüber nachdenken und diskutieren.

Danach überlegen Sie, welchen Schwierigkeitsgrad Sie

den verschiedenen Arbeiten zuweisen. Legen Sie fest, welche Aufgaben für Sie Satz-, welche Bier- und welche Schaumaufgaben darstellen. Schließlich prüfen Sie die Verteilung. Vielleicht sind Sie schon so gut organisiert, dass bei Ihnen das Verhältnis der drei Aufgabenbereiche gut passt. Dann haben Sie – von dieser Perspektive aus betrachtet – schon den Grundstein für dauerhaft motiviertes Arbeiten gelegt. Sollte bei der Verteilung aber der eine oder andere Bereich einen Überschuss oder ein Defizit aufweisen, dann versuchen Sie dies auszugleichen. Ändern Sie Ihre Organisation, delegieren Sie bestimmte Aufgaben und versuchen Sie, andere zu übernehmen.

In Branchen, in denen die Abläufe sehr standardisiert und hoch technisiert sind, können Sie womöglich in Ihrem Arbeitsumfeld nichts verändern. Dann gilt es, diese Begrenzung auch zu akzeptieren, und ich hoffe, dass Sie auf andere im *Treppenläufer* vorgestellte Motivationsmöglichkeiten zurückgreifen.

Vielleicht denken Sie nun: *Der hat gut reden; was dafür alles notwendig ist und vor allem, der kennt ja meinen Chef nicht!* Sie haben Recht, ich kenne Ihren Chef ja tatsächlich nicht, ich kann Ihnen aber sagen, dass es nicht viele Führungskräfte gibt, die nicht daran interessiert wären, von ihren Mitarbeitern zu erfahren, wie durch einige organisatorische Änderungen die Motivation und somit die Qualität der Leistung auf längere Sicht erhöht werden können.

Wenn Sie das Biermodell© für Ihr Arbeitsteam umsetzen wollen, können Sie sich an folgendem Leitfaden orientieren. Beginnen Sie mit einer Funktionsanalyse. Geben Sie Ihren Mitarbeitern den Auftrag, alle Tätigkeiten ihres Aufgabengebietes auf kleine Kärtchen zu notieren. Stellen Sie zuvor die

Kriterien der Satz-, Bier- und Schaumaufgaben vor, so dass jeder Mitarbeiter diese Kategorisierung treffen kann. Und legen Sie für jeden der drei Bereiche eine unterschiedliche Kärtchenfarbe fest; zum Beispiel: alle Satzaufgaben auf blaue Kärtchen, alle Bieraufgaben auf gelbe und alle Schaumaufgaben auf weiße.

Eröffnen Sie das folgende Meeting damit, dass die Kärtchen am Boden verteilt werden. Alle Tätigkeiten, die in Ihrem Verantwortungsbereich durchgeführt werden, liegen dann am Boden. Teilen Sie Ihren Leuten klar mit, dass es nicht darum geht zu diskutieren, ob diese Arbeiten auch in Zukunft gemacht werden. Es geht vielmehr darum zu überlegen, wer in Zukunft was macht!

Fordern Sie Ihre Mitarbeiter auf, sich jene Tätigkeiten herauszupicken, die sie am besten können und am liebsten machen. Es sollten keine Aufgaben *auf der Strecke* bleiben. Und fordern Sie, dass jede Person Aufgaben aus allen drei Bereichen nimmt. Niemand darf *ein- oder zweifärbig* sein. Bei jedem Ihrer Leute müssen sich Kärtchen aller drei Farben finden. Wenn Ihnen ein Mitarbeiter mitteilt, er würde sich gerne ein bestimmtes gelbes Kärtchen nehmen, für ihn stelle es aber keine Bier-, sondern eine Schaumaufgabe dar, dann glauben Sie ihm zunächst einmal.

Einige Tätigkeiten nenne ich *Chamäleon-Tätigkeiten*, weil sie mehrmals ihre Farbe wechseln. Lassen Sie auch zu, dass verschiedene Personen unterschiedlich viele Aufgaben aus den einzelnen Bereichen wählen werden. Achten Sie aber auf das grundsätzliche Verhältnis von Satz-, Bier- und Schaumaufgaben. Prüfen Sie nach diesem Meeting, ob und welche Änderungen in Ihrer gesamten Joborganisation notwendig sind, um das *Biermodell*© bestmöglich umsetzen zu können. Innerhalb Ihres Kompetenzbereiches können Sie ja selbst entscheiden; wenn es um Schnittstellen mit anderen Organisationseinheiten geht, müssen Sie sich entweder mit diesen Kollegen absprechen oder auch Grenzen vorgeben.

Beobachten Sie Ihre Mitarbeiter speziell in der ersten Phase. Fordern Sie die Einhaltung der neuen Spielregeln, geben Sie aber auch die entsprechende Unterstützung. Sprechen Sie viel mit Ihren Mitarbeitern: Wie läuft es? Wie zufrieden und motiviert sind die Kollegen? Nach drei bis sechs Monaten gehen Sie wiederum in ein Meeting. Besprechen und überlegen Sie, wo verändert und nachjustiert werden muss und was diese Methode für die Motivation der einzelnen Teammitglieder sowie für die Entwicklung Ihrer Organisationseinheit gebracht hat. Wenn Sie das *Biermodell*© umgesetzt haben, dann haben Sie sehr professionell die Bedingungen einer möglichst hohen, organisationsabhängigen Arbeitsmotivation erfüllt. Sie haben Ihren Mitarbeitern die Wahl der Ziele, Anreize und der Aufgabenschwierigkeit ermöglicht. Sie werden mit entsprechenden Leistungen und guter Stimmung reagieren.

Umsetzung in Partnerschaft und Beziehung

Wenn Sie sich die Scheidungszahlen des Jahres 2001 ansehen, dann werden Sie mir zustimmen: *Es kriselt gewaltig in unseren Beziehungen.* Über Ursachen und Gründe, die dafür verantwortlich gemacht werden können, sprechen und schreiben viele Experten. Darauf will ich mich nicht einlassen. Vielmehr ist mir im Laufe der Zeit klarer geworden, dass die Idee des *Biermodells*© nicht ausschließlich auf die Arbeitswelt beschränkt ist, sondern dass die grundlegenden Gedanken auch auf Beziehungen übertragen werden können. Freilich muss man die Definitionen der drei Bereiche etwas ändern.

In einer Beziehung ist es ähnlich wie in einem Job. Wenn es sich nur noch um Routine handelt, stumpft man unweigerlich ab. Man empfindet nur mehr sehr gedämpft und ist auch nicht mehr sehr empfänglich für die Anliegen des Partners. Also lautet auch hier der Gedanke: *Routine raus, Abwechslung rein!* Es muss sich hin und wieder etwas tun in einer Partnerschaft. Es braucht immer wieder neue Erlebnisse und Bereiche, damit die für unsere Motivation so wichtige Spannung aufrechterhalten bleibt. Und es braucht auch einen Raum, der Entspannung und Ruhe bietet – und zwar durchaus individuell.

Denkt man das *Biermodell©* für Beziehungen und Partnerschaft durch, dann kommt eine dritte Dimension hinzu. Im *Biermodell©* haben wir zunächst als Parameter zum einen die Person und zum anderen die Aufgabe. Nun kommt eine weitere Person mit all ihren Facetten hinzu. Das bedeutet, dass alle Handlungen daraufhin betrachtet werden müssen, ob sie alleine oder gemeinsam erfolgen. Das ist wahrscheinlich auch jener Punkt, der viele Partnerschaften scheitern lässt. In einer funktionierenden Beziehung braucht es sowohl gemeinsame Aktivitäten als auch Erfahrungen, die man ohne Partner macht. Wie sollte das Verhältnis aussehen?

Wendet man das *Biermodell©* auf die Partnerschaft an, so geht es nicht mehr um Aufgaben-, sondern vielmehr um Erlebnis- und Handlungsbereiche. Es steht nicht die Leistungsmöglichkeit im Vordergrund, sondern die Möglichkeit gemeinsamer Erlebnisse sowie das gemeinsame Empfinden. Das bedeutet, dass nicht mehr der Schwierigkeitsgrad oder die Erfolgswahrscheinlichkeit als Kriterium verwendet werden kann, sondern dass an deren Stelle nun der Faktor *allein oder gemeinsam* tritt.

Dahinter bleibt die Frage bestehen, ob das, was man alleine oder gemeinsam erlebt, bekannt und einfach oder unbekannt und schwierig ist. Dieser Ansatz des *Biermodells*© bleibt also erhalten. Auch eine Beziehung läuft dann sehr gut, wenn sich die Partner durch den oder die jeweils anderen und die Situation, in der diese Verbindung stattfindet, optimal aktiviert fühlen.

So stellt der Satzbereich in einer Gemeinschaft einerseits jene Handlungen dar, den einzelne Partner sehr gut ohne den oder die anderen ausführen können. Das können Aufgaben sein, die einer erledigt, obwohl auch der andere betroffen ist, dies kann aber durchaus auch in einem anderen Sinne verstanden werden. Dieser Bereich soll nämlich auch Regeneration vom Partner bieten und individuelle Freiräume schaffen. Die Partner agieren alleine in einem Segment, in dem der andere nicht vorkommt oder nicht zwangsläufig vorkommen muss. Auf den Einzelnen bezogen, können das Satz-, Bier- oder auch Schaumaufgaben sein. Denn in diesem Fall fällt ja die dritte Dimension, der Partner weg, womit wieder die ursprünglichen Bedingungen gelten. Andererseits stellt der Satzbereich in der Partnerschaft auch jenes Feld der standardisierten Abläufe dar, für deren Erfüllung nicht sehr viel Energie aufgewendet werden muss. Das sind Vorgänge, die sich eingespielt haben und beinahe schon von alleine laufen. Dieser Satzbereich sollte analog zur Arbeitwelt nur einen kleinen Teil der Partnerschaft ausmachen.

Der Bierbereich sollte auch in einer Beziehung der größte sein und zwei Drittel der Ereignisse umfassen. Hier finden sich zum einen jene Handlungen, die ein Miteinander erfordern und von beiden Partnern durchgeführt werden sollten. Zum anderen finden sich hier Aktionen, die einen hohen Qualitätsanspruch aufweisen, aber bekannt und durchaus erfolgreich umsetzbar sind. Das sind also jene Abläufe, bei denen das Miteinander eine entscheidende Rolle spielt und die durch das Zusammenwirken der Partner eine Qualitätssteigerung erfahren. Dazu ist aber ein hoher persönlicher Einsatz notwendig. Das bedeutet, dass gerade im Bierbereich viel miteinander kommuniziert werden muss, denn schließlich ist hier die Frage zu klären, wie diese vielen Aufgaben, Herausforderungen und manchmal auch die Probleme, die in einer Beziehung auftreten, gemeinsam bewältigt werden. Ein klassisches Beispiel für diesen Bereich stellt die Erziehung von Kindern dar.

Der Schaumbereich schließlich meint jenes Feld, in dem völlig neue Erfahrungen gemacht werden, Neues gelernt und ausprobiert und der Alltag hinter sich gelassen wird. Und zwar gemeinsam. Hier geht es also nicht darum, dass einer der Partner neue Erfahrungen macht, sondern, dass diese miteinander gemacht und erfahren werden. Im Schaumbereich der Beziehungen braucht es im Gegensatz zum beruflichen Kontext aber nicht unbedingt fremde Hilfe. Vieles kann auch mit dem Partner entdeckt werden. Das müssen nicht zwangsläufig Aktivitäten sein, in denen man sich zuerst ausbilden lassen muss. Entscheidend ist bei diesem dritten Bereich, dass der Schaum, dieses Besondere und Neue, dieses Ungewisse und vielleicht auch mit etwas Risiko Behaftete, geboten wird. Hier erfolgt immer wieder eine neue Aktivierung, die Weiterentwicklung einer Beziehung, indem immer wieder neue Felder aufgemacht werden, von denen man zunächst nicht genau weiß, was sie bringen werden. Damit eine Beziehung auf Dauer spannend und interessant bleibt, sollte der Schaumbereich in etwa 20 Prozent der gemeinsamen Handlungen umfassen.

Wenn Sie die Qualität Ihrer Beziehung einmal prüfen wollen, dann besprechen Sie mit Ihrem Partner, inwieweit die eben geschilderten drei Bereiche in Ihrem Alltag abgedeckt sind. Besprechen Sie zunächst nur die Kriterien der drei Bereiche miteinander. Wichtig ist hier, dass alle das Gleiche darunter verstehen. Danach reflektieren Sie die Beziehung zu Ihrem Partner. Hier ist die individuelle Sichtweise gefragt. Erst danach wird ausgetauscht und diskutiert. Klären Sie, ob es ausreichend individuelle Freiräume gibt, in die sich jeder von Ihnen zurückziehen kann, prüfen Sie, ob die Verteilung der Tätigkeiten, die der Einzelne für die Partnerschaft einbringt, gut ist. Besprechen Sie weiter, ob das Miteinander bei den Herausforderungen gut funktioniert, deren Qualität durch das Mitwirken des Partners steigt, und diskutieren Sie schließlich, worin in Ihrer Beziehung der Schaum liegt.

Dieser Ansatz kann freilich nur ein kleiner Teil des großen, umfassenden Programms darstellen, wie Beziehungen gut und stabil funktionieren. Dabei muss ich an ein Zitat von Otto König denken: *Jeder sagt, auf die einzelne Schneeflocke kommt es nicht an. Aber die Lawine besteht auch nur aus einzelnen Schneeflocken.*

Durch das *Biermodell*© haben Sie eine Technik zur Verfügung, die Ihnen die Möglichkeit gibt, zu prüfen, wie Ihre Aufgaben- und Tätigkeitsfelder organisiert sein sollten. Auf den nächsten Seiten stelle ich Ihnen einige Übungen vor, mit deren Hilfe Sie den roten Faden Ihres Lebens erarbeiten können. Erst wenn Sie diesen roten Faden kennen, können Sie sich genau die Ziele setzen, die Ihnen zu hoher Effektivität verhelfen.

8. Der rote Faden Ihres Lebens

Ziel eines sinnvollen Lebens ist, den Ruf der inneren Stimme zu hören und ihm zu folgen. Der Weg wäre also, sich selbst erkennen, aber nicht über sich richten und sich ändern wollen, sondern das Leben möglichst der Gestalt anzunähern, die als Ahnung in uns vorgezeichnet ist.

Hermann Hesse

Je konkreter Ihre Vorstellungen davon sind, was in Ihrem Leben noch alles geschehen soll, desto größer ist die Wahrscheinlichkeit, dass diese Ereignisse auch eintreten. Aber es sind nicht nur die Bilder und Träume, die Sie entwickeln, die für eine Umsetzung sorgen. Hier kommt ein weiterer, wesentlicher Aspekt hinzu. Es macht nämlich einen großen Unterschied, woher Ihre Träume stammen. *Manche Menschen träumen ihr Leben. Andere hingegen leben ihre Träume.*

Wissen Sie, was die eine Gruppe von der anderen unterscheidet? Es sind die Quellen der Träume und Bilder. Alles, was von außen gewissermaßen implementiert wird, wirkt nur bedingt und kann nicht die Energie aufbringen wie jene Bilder und Träume, die tatsächlich aus Ihrem Inneren kommen, die tatsächlich als Ahnung in Ihnen vorgezeichnet sind. In der Motivationspsychologie weiß man, dass der Hauptantrieb unseres Handelns aus dem *Warum* stammt und nur ein kleiner Teil aus dem *Was* und *Wie*. Wissenschafter gehen davon aus, das 80 Prozent unserer Motivation dem *Warum* entspringen und nur 20 Prozent dem *Was* und *Wie*. Was ist nun das Besondere an diesem *Warum*?

Wenn Ihre Träume und Vorstellungen, die ja, wie Sie wissen, Ihre Handlungen steuern, aus Ihrem *Warum* entspringen, dann wirken diese deshalb wie der Turbo eines Formel-Eins-Boliden, weil Sie sich durch dieses *Warum* als Person selbst definieren. Das sind jene Antriebe, die aus Ihrem Innersten stammen, und es sind jene Elemente, die Ihre Selbstverwirklichung ausmachen.

In meinen Seminaren bin ich immer wieder damit konfrontiert, dass viele Menschen nicht wissen, wie ihr *Warum* aussieht, welches der rote Faden Ihres Lebens ist. Diese Leute können die Frage, was sie mit ihrem Leben anfangen und wo und wie sie einmal ankommen möchten, nicht beantworten. Das sind auch jene, bei denen man gut beobachten kann, dass sie keinen eindeutigen Weg verfolgen. Sie sind sehr sprunghaft in ihrem Verhalten, wählen das eine Mal die eine Abbiegung, das andere Mal eine völlig andere Richtung. Für diese Leute gilt der bekannte Seminarspruch, dass sie *über einen vierzehntägigen Urlaub wesentlich intensiver nachdenken, als über den Rest ihres Lebens.*

Menschen, die den roten Faden ihres Lebens kennen, wissen, welche Wege sie gehen müssen, um anzukommen. Sie handeln konsequent und verfolgen eine Idee, die sie für ihr Leben haben. Sie kennen den Sinn, der hinter Aktivitäten steht, und können daraus ihre konkreten Ziele für ihr Leben formulieren. Sie lassen sich durch Misserfolge nicht erschüttern und wissen, dass viele einzelne Schritte notwendig sind, um an das Ziel zu kommen.

Und sie kennen die Grenzen, außerhalb derer ihre Aktivitäten ihrer Idee zuwiderlaufen. Menschen, die den roten Faden ihres Lebens kennen, leben nach einer Vision, die ihnen Kraft und Optimismus gibt.

Ich möchte Sie bitten, über folgende Fragen etwas nachzudenken. Nutzen Sie diese kurze Reflexion, um mehr Klarheit über sich und Ihr Leben zu erhalten. Es genügt, wenn Sie entweder mit *Ja* oder mit *Nein* antworten.

- Kennen Sie den roten Faden Ihres Lebens?
- Haben Sie eine Vision für Ihr Leben?
- Kennen Sie die Werte, nach denen Sie handeln?
- Wissen Sie, wo und wie Sie einmal ankommen möchten?
- Kennen Sie den Rahmen, in dem Ihre Handlungen zu Ihrer Vision führen?

Wenn die Antworten auf diese Fragen alle *Ja* lauten, gratuliere ich Ihnen. Dann beziehen Sie den größten Anteil Ihrer hohen Motivation aus Ihren klaren Vorstellungen über Ihr Leben. In diesem Fall sind auch Sie ein *Treppenläufer!* Dann könnten Sie die folgenden Übungen zur Überprüfung Ihrer Vision nutzen.

Sollte sich bei Ihren Antworten aber auch das eine oder andere *Nein* befinden, dann möchte ich Ihnen die folgenden Übungen sehr empfehlen. Sie werden Ihnen helfen, mehr Klarheit über sich selbst zu gewinnen. Manche sind zwar nicht ganz einfach durchzuführen, Sie könnten daraus aber einen großen Nutzen ziehen. Lassen Sie sich darauf ein und nehmen Sie sich die Zeit, sie ist gut investiert.

Die erste Übung dreht sich um Ihre Werte. Genauer gesagt geht es um die Rangfolge Ihrer Werte. Wir alle handeln gemäß unserer individuellen Wertehierarchie, denn nicht alle Werte bedeuten das Gleiche für uns. So geben wir manche, die uns nur am Rande betreffen, manchmal relativ schnell auf, für unsere zentralen Werte aber setzen wir uns vehement ein. Je klarer eine Person über die eigene Wertehierarchie Bescheid weiß, desto effizienter werden ihre Handlungen sein. Dies gilt übrigens in gleicher Weise auch für Teams und Unternehmen. Erst wenn Mitarbeiter einer Organisation wissen, welches die wichtigsten Unternehmenswerte darstellen, können Sie sich entsprechend verhalten.

Dabei können viele Firmen der Versuchung nicht widerstehen, zu viele Werte auszuwählen. Das ist auch verständlich, denn wer möchte nicht Begriffe wie *Aufrichtig, Fähig, Hilfreich, Liebevoll, Positiv, Verantwortlich, Erfinderisch* usw., usf. auf seine Fahnen schreiben? Doch auch hier gilt: Allzu viel ist oft nichts. Besser ist es, wenn sich Firmen wie auch Personen auf ihre zentralen Werte besinnen, diese dafür aber konsequent umsetzen. Die folgende Übung kann Ihnen helfen, Ihre zentralen Werte zu finden.

Übung 1

Die Hierarchie Ihrer Werte

Erster Schritt: Überlegen Sie sich bitte Ihre zehn wichtigsten Werte und notieren Sie diese in der folgenden Tabelle:

Zweiter Schritt: Bei welchen dieser zehn Werte hegen Sie hin und wieder Zweifel und würden unter Umständen auch dagegen handeln bzw. Kompromisse eingehen? Bitte notieren Sie diese Begriffe.

____

____

____

____

Dritter Schritt: Wenn Sie auf die Ergebnisse der ersten beiden Schritte schauen, welche Werte sind Ihnen dann besonders wichtig?

____

____

____

____

____

Vierter Schritt: Welche der Werte aus Schritt Nr. 3 stellen für Sie eine fest definierte Handlungsmaxime dar? Für welche Werte stehen Sie auch öffentlich ein?

____

____

____

____

____

Fünfter Schritt: In diesen vier Schritten haben Sie Ihre zentralen Werte definiert. Erarbeiten Sie jetzt im fünften und letzen Schritt, was die Umsetzung dieser Werte für Sie bedeutet und in welchem Kontext sie stehen. Legen Sie fest, wie die Normen zu Ihren Werten aussehen. Stellen Sie sich dazu für jeden Ihrer wichtigsten Werte folgende Frage:

Woran können andere Menschen, die mich beobachten, erkennen, dass hinter meinem Verhalten dieser Wert steckt?

1. ______________________________

____

2. ______________________________

____

3. ______________________________

____

Wenn etwa *Positiv* einen Ihrer wichtigsten Werte darstellt, dann sollte beobachtbar sein, dass Sie zuversichtlich sind und auf Ihre Stärken und Fähigkeiten sowie die anderer Personen vertrauen. Das würde bedeuten, dass Sie optimistisch sind, nicht jammern, dass Sie Probleme als Herausforderungen betrachten und das Sie in anderen auch das Gute sehen.

Arbeiten Sie auch hier nach dem Grundsatz: *Weniger ist mehr*. Es genügt, wenn Sie für jeden Wert ein bis maximal drei konkret beobachtbare Umsetzungen definieren. Wenn Sie das für jeden Ihrer wichtigsten Werte gemacht haben, dann verfügen Sie über einige Verhaltensnormen, die als Leitsprüche für Sie zu einer inneren Landkarte werden sollten. Die meisten Menschen, die ich kenne und die sehr erfolgreich sind, verfügen über derartige Grundsätze. Und vor allem: Sie handeln danach!

Die nächsten Übungen[1] helfen Ihnen, über sich selbst und Ihre Vision Klarheit zu bekommen. Dabei bearbeiten Sie erst alle Übungen, ehe Sie sich mit der Auswertung beschäftigen.

Übung 2

Drei Grabreden

Für viele ist es ein heikles Thema, über den eigenen Tod nachzudenken. Jetzt sollen Sie aber genau das tun, nämlich über Ihre Beerdigung nachdenken. Was werden bestimmte Personen an Ihrem Grab sagen. Stellen Sie sich vor, Ihre Beerdigung wäre heute in drei Jahren. Sie haben also noch drei Jahre Zeit, das alles zu tun, was für Sie wichtig ist. An Ihrem Grab werden drei verschiedene Personen sprechen. Jemand aus Ihrer Familie, jemand aus Ihrem Freundeskreis und jemand, der Sie aus Ihrem Arbeitsleben kennt.

Diese Grabreden werden sich von realen aber in einem wichtigen Punkt unterscheiden: Das Gesagte muss für Sie zutreffend sein. Es dürfen keine Aussagen getroffen werden, die nicht stimmen; es darf nichts behauptet werden, was Sie zu Lebzeiten nicht geleistet haben.

Was möchten Sie, dass diese drei Personen berechtigterweise über Sie sagen?

Verfassen Sie nun Ihre eigenen Grabreden. Wählen Sie jene drei Personen aus, die an Ihrem Grab über Sie reden. Es sollten Menschen sein, die Sie gut kennen und bei denen Ihnen wichtig ist, was diese über Sie denken. Daraufhin legen Sie selbst fest, was diese Personen über Sie, Ihr Verhalten und Ihr Tun sagen. Denken Sie an die Regel,

1 Es ist mir nicht bekannt, von wem diese Übungen in ihrer ursprünglichen Version stammen. Viele Autoren haben diese, wie ich auch, nach eigenen Vorstellungen abgewandelt.

die es bei dieser Übung einzuhalten gilt: Alles, was über Sie gesagt wird, muss zutreffend sein. Es darf sich also nicht um Schönrederei, sondern um reale und nachvollziehbare Aussagen handeln.

Überlegen Sie sich auch, ehe Sie beginnen, wann Sie diese Übungen durchführen. Sie sollten sich ausreichend Zeit dafür nehmen, ungestört und vor allem dazu bereit sein, über sich selbst nachzudenken.

Drei Grabreden

Erster Sprecher: Eine Person aus Ihrem Familienkreis

____

____

____

____

____

____

____

____

____

____

Zweiter Sprecher: Eine Person aus Ihrem Freundeskreis

____

____

____

Dritter Sprecher: Eine Person aus Ihrem Kollegenkreis

Übung 3

Erfolg garantiert

Eine der größten Fähigkeiten, die wir Menschen besitzen, ist es, zu träumen und mit unserer Fantasie etwas zu entwerfen, das manchmal utopisch zu sein scheint. Jeder von uns hat wohl Träume, die wir in die Kategorie *unmöglich* einreihen. Die Gründe dafür sind sehr vielschichtig. Nicht immer denken wir unsere Träume so konsequent weiter, dass diese Ideen tatsächlich als Vorstellungen in unserem Gehirn ankern können und unseren Organismus in Gang setzen.

Die Übung, *Erfolg garantiert,* ist eine einfache und wunderschöne Geschichte. Denken Sie einmal über alles nach, wovon Sie träumen. Denken Sie darüber nach, was Sie alles tun würden, wie Sie sich verhalten würden, was Sie sich leisten würden, wenn Sie hundertprozentig davon ausgehen könnten, dass das, was Sie tun, von Erfolg gekrönt ist.

Was alles würden Sie tun, wenn Sie hundertprozentig sicher wüssten, dass Ihre Vorhaben von Erfolg gekrönt sind?

____

____

____

____

____

____

____

Übung 4
Zurück von der Zukunft

Menschen, die Treppen hochlaufen, anstatt den Fahrstuhl zu nehmen, sind überzeugt davon, dass sie die Zukunft beeinflussen können, dass das, was zunächst in ihren Vorstellungen ist, auch tatsächlich Realität werden kann. Sie wissen, dass der erste Schritt darin besteht, sich mit der eigenen gewünschten Zukunft auseinander zu setzen. Das bedeutet, ein klares Bild davon zu entwickeln. Der zweite Schritt besteht darin, gemäß dieser inneren Landkarte zu handeln – und zwar konsequent.

Mit der nächsten Übung haben Sie nun die Möglichkeit, sich auf eine ganz besondere Art mit Ihrer Zukunft zu beschäftigen. Stellen Sie sich vor, Sie hätten die Chance, um sieben Jahre in die Zukunft zu springen. Wir schreiben das heutige Datum plus sieben Jahre. Dieser Tag ist ein besonderer Tag für Sie, denn Sie können Rückschau halten auf eben diese vergangenen sieben Jahre, die – wie Sie sich nun weiter vorstellen sollen – die besten, schönsten, erfolgreichsten und glücklichsten Ihres bisherigen Lebens waren. Und dann beantworten Sie folgende Frage:

Was ist konkret in diesen sieben Jahren passiert, dass diese Zeit zur besten, schönsten, erfolgreichsten und glücklichsten Ihres bisherigen Lebens geworden ist?

Schreiben Sie Ihre eigene Erfolgsgeschichte. Hier und Jetzt. Gehen Sie Jahr für Jahr durch und schreiben Sie in der Vergangenheit. Beschreiben Sie möglichst konkret, in vielen verschiedenen Facetten und in bunten Bildern, was in dieser Zeit alles geschehen ist, das Sie veranlasst zu sagen: Das waren die tollsten Jahre meines bisherigen Lebens. Was waren die Highlights, was waren die besonderen Ereignisse, die stattgefunden haben, was haben Sie alles getan?

Zurück von der Zukunft

Heute ist der: ______________________ (heutiges Datum plus sieben Jahre)

Heute bin ich _____ Jahre alt

Meine Frau/mein Mann ist heute _____ Jahre alt

Unsere Kinder sind jetzt __________ Jahre alt.

Wenn ich an die hinter mir liegenden sieben Jahre denke, die die besten, schönsten, erfolgreichsten und glücklichsten meines bisherigen Lebens waren, dann ...

Übung 5
Mein roter Faden

Mit den ersten vier Übungen haben Sie konkret an Ihren Grundsätzen und Ihrer Vision gearbeitet. Nun gilt es herauszufinden, welche Handlungen Ihren roten Faden ergeben, damit Sie ihn auch konsequent verfolgen können. Gehen Sie noch einmal alle Ergebnisse der letzten drei Übungen durch.

Beginnen Sie mit der Übung zwei, den Grabreden. Was sind die wichtigsten Aussagen, die in den Reden enthalten sind? Notieren Sie diese und prüfen Sie dann, inwieweit Sie diesen in Ihren Handlungen bereits nachkommen. Arbeiten Sie jene Bereiche heraus, in denen sich Differenzen ergeben, wo Sie selbst wissen, dass Sie das Gesagte noch nicht realisieren. Bewerten Sie diese Bereiche dann nach deren Wichtigkeit. Prüfen Sie auch den Zusammenhang mit Ihren wichtigsten Werten und Grundsätzen. Legen Sie schließlich die wichtigsten konkreten Aktivitäten fest, um diese Anforderungen zu erfüllen.

Bei der dritten Übung haben Sie einiges niedergeschrieben, was Sie angehen würden, wenn Sie hundertprozentig sicher wüssten, dass Ihnen Erfolg beschert ist. Nehmen Sie nun diese Liste zur Hand und stellen Sie sich die Frage: *Was lässt mich am Erfolg dieser Sache zweifeln?* Wenn Sie den schwerwiegendsten Grund gefunden haben, dann fragen Sie sich, wie berechtigt Ihre Zweifel sind. Von einigem werden Sie auch nach dieser Übung vielleicht nur träumen können. Bei einigen anderen Vorhaben aber werden Sie vielleicht draufkommen, dass Ihre Zweifel wenig plausibel sind – eine Sicherheit gibt Ihnen in solchen Fällen erst die Durchführung. Diese Übung mache ich selbst regelmäßig und erkenne immer wieder Herausforderungen, die ich noch nicht angegangen bin, die mir aber wichtig sind. Beim Nachdenken spielt sich jedes Mal das Gleiche ab. Ich kann keinen wahren Grund finden, der wirklich rechtfertigt, für die betreffenden Vorhaben noch nichts getan zu haben. Alleine durch diese Übung hole ich mir immer wieder Motivation und Kraft für viele Aktivitäten.

Bei der vierten Übung schließlich suchen Sie sich die Erfolgsmeilensteine heraus, die dafür verantwortlich sind, dass die tollsten sieben Jahre eben diese geworden sind. Versuchen Sie dabei möglichst konkret zu sein. Finden Sie heraus, was Ihnen diese Elemente bedeuten und was Sie antreibt, ihnen diesen besonderen Stellenwert beizumessen. Dann erarbeiten Sie sich eine innere Landkarte, die möglichst so genau ist, dass Sie zielsicher auf das gewünschte Ergebnis losmarschieren.

Diese Übung habe ich in ähnlicher Form zum ersten Mal bei einem Seminar von Alexander Christiani gemacht. Ich kann mich deshalb noch so genau daran erinnern, weil ich in dieser Erfolgsgeschichte zum ersten Mal das Vorhaben, eine Dissertation zu verfassen, definiert habe. Das besondere berufliche Ereignis von 1999 war für mich der erfolgreiche Abschluss des Doktoratsstudiums. Ich wusste zwar 1995 noch nicht, wie ich das neben einer Familie mit zwei kleinen Kindern, neben meinen Hobbys und einem Beruf, der mich voll ausfüllt, hinbekommen sollte, aber allein der Gedanke faszinierte mich. 1996 hatte ich meine konkreten Vorstellungen, ich hatte die wichtigsten Bilder im Kopf. Auch jenes der Promotionsfeier im kleinen Kreis mit meiner Frau und mit Freunden.

Wenn Sie alle vier Übungen ausgewertet haben, dann bilden Sie daraus den roten Faden Ihres Lebens. Legen Sie eindeutig fest, was in Ihrem Alltag Priorität hat und worauf Sie achten werden. Legen Sie sich ein Bild zurecht, das Sie abrufbereit haben und das Ihnen immer wieder zeigt, nach welchen Prinzipien Sie handeln und auf welche Ergebnisse sich Ihre Handlungen beziehen. Legen Sie heute fest, wo und wie Sie irgendwann einmal ankommen möchten.

9. Treffsicher Ziele finden

Jedes Ziel eröffnet ein Ventil für Kräfte, die in uns sind.
Paul Feldkeller

Mit der Bedeutung von Zielen und ihrem Zusammenhang mit Motivation haben wir uns im ersten Teil des *Treppenläufers* ausführlich beschäftigt. Nun geht es darum, die richtigen Ziele für die entscheidenden Bereiche zu finden. Die Frage lautet also, worauf Sie sich konzentrieren und wie Sie Ihre Ziele ausrichten sollen? Durch die fünf Übungen, die Sie im vorigen Kapitel gemacht haben, haben Sie bestimmt schon einige Ansätze gefunden und wissen, zu welchen Ergebnissen Ihre Handlungen führen sollen.

In diesem Kapitel stelle ich Ihnen drei weitere Werkzeuge vor, mit deren Hilfe Sie treffsicher Ihre Ziele finden können. Die beiden ersten Werkzeuge werden Ihnen helfen, die für Sie relevanten Ziele zu finden und die Erfolgswahrscheinlichkeit Ihrer Aktivitäten deutlich zu erhöhen. Mit dem dritten können Sie eine Frage klären, die ich als grundlegend erachte. In manchen Motivationsseminaren und -büchern könnte man glauben, wenn man nur genügend Willen erzeugt, dann könnte man in einem Leben alles erreichen. Oft sind das Massenveranstaltungen zum Thema Motivation, deren Halbwertzeit im Tagesbereich liegt. Durch gruppendynamische Effekte werden die Teilnehmer aufgeputscht, und viele verlassen derartige Veranstaltungen tatsächlich mit dem Gedanken, dass in ihrem Leben alles möglich sei.

Allerdings sind uns auch Grenzen gesetzt, manche, die uns seit langem bekannt sind, andere, die wir im Laufe der Zeit selbst erkennen, und andere, die wir nicht wahrhaben wollen, wo wir auch Signale von außen bekommen, damit wir auf sie aufmerksam werden.

Das dritte Werkzeug wird Ihnen helfen, zu klären, was in Ihrem Leben für Sie tatsächlich möglich und realisierbar ist. Wenn Sie die richtigen Antworten finden, wissen Sie genau, in welchen Bereichen sich Aktivitäten lohnen und welche Bereiche Sie aufgeben sollten. Das bedeutet, Sie werden wesentlich effizienter sein als viele andere Menschen, weil Sie keine Energie vergeuden.

Erstes Werkzeug – Die Zielehierarchie

Sie kennen bestimmt Leute, die irgendwann das Ziel hatten, abzunehmen. Wie viele von denen haben Ihr Vorhaben umgesetzt? Die meisten, denken Sie? Man kann gewiss davon ausgehen, dass sehr viele diesen und ähnliche Vorsätze realisieren. Wie viele von denen, die es geschafft haben, ihr Gewicht deutlich zu verringern, haben diesen neuen Zustand auch gehalten? Bei wie vielen hat der berühmte *Jo-Jo-Effekt* eingesetzt, und sie haben das ursprüngliche Gewicht nach einer recht kurzen Zeit wieder erreicht oder sogar überschritten?

Wenn Sie irgendetwas an sich ändern möchten, dann benötigen Sie zwei Qualitäten. Die eine brauchen Sie, um das angestrebte Ziel überhaupt zu erreichen, also etwa 20 Kilogramm abzunehmen. Die andere aber brauchen Sie erst danach. Denn dann kommt die wirklich große Herausforderung. Dann gilt es nämlich, den neuen Zustand zu stabilisieren, also Ihr neues Gewicht auf Dauer zu halten, so dass es sich tatsächlich lohnt, die komplette Garderobe zu wechseln.

Es sind nur drei Fragen, die Sie sich stellen sollten, damit Sie Ihre Zielehierarchie erhalten. Drei Fragen zu drei verschiedenen Ebenen. Gehen Sie dabei in der gleichen Reihenfolge vor, wie ich sie Ihnen nun beschreibe.

Erste Ebene – Womit bzw. mit welchen Verhaltensweisen bin ich zufrieden? Die Erhaltensziele

Denken Sie über sich selbst nach. Wie zufrieden sind Sie mit sich? Wie vieles läuft gut, so dass Sie eigentlich damit ganz zufrieden sein können? Was ist es denn konkret, das bei Ihnen ganz zufrieden stellend läuft? Geht es Ihnen jetzt so, wie vielen anderen Menschen, mit denen ich rede? Je länger Sie darüber nachdenken, desto mehr positive Antworten fallen Ihnen ein. Viel zu viele Menschen sind zu oft damit beschäftigt, darüber nachzudenken und in der Folge auch darüber zu sprechen, was in ihrem Leben alles nicht so richtig funktioniert. (Sie denken sich jetzt, das hatten wir doch schon einmal. Richtig, im Kapitel *Steuern Sie Ihr Selbstwertgefühl auf Erfolg* haben wir diesen Gedanken bereits diskutiert.)

Wenn Menschen aber hauptsächlich damit beschäftigt sind, darüber nachzudenken, was in ihrem Bereich alles nicht so funktioniert, dann sehen auch ihre Ziele dementsprechend aus. Sie vergessen in der Folge oft die Basis ihres Erfolges und jagen nur noch dem nach, das sie noch nicht erreicht haben. Die Basis des wirklichen Erfolges aber ist nicht die Ebene, auf der jene Verhaltensweisen angesiedelt sind, die nicht zufrieden stellend funktionieren. Die Basis großen Erfolges ist vielmehr jene Ebene, auf der alle funktionierenden Handlungen stattfinden. Und langfristiger Erfolg bedeutet immer, die erreichten Zustände zu erhalten. Also ergibt sich für die erste Ebene folgende Frage:

Was muss ich tun, damit ich den Erfolg auf diesem Gebiet auch in Zukunft erhalten kann?

Was also muss ich etwa tun, damit ich mein neues Gewicht auf Dauer halten kann? Antworten darauf finden sich viele, etwa drei Mal in der Woche 50 Minuten laufen, auf fettreiche Speisen verzichten, Obst und Gemüse bevorzugen, nach 19 Uhr nichts mehr essen usw. usf.

Mit dieser ersten Ebene muss sich auch jedes Unternehmen auseinander setzen, das langfristigen Erfolg haben möchte. Es könnte überlegen, was alles konkret getan werden muss, um den derzeitigen zufrieden stellenden Marktanteil zu halten.

Aus den Fragen dieser ersten Ebene ergeben sich, bei Unternehmen wie bei einzelnen Personen, die *Erhaltensziele*. Erst wenn diese klar formuliert sind, sollten Sie sich der zweiten Ebene zuwenden.

Zuvor stellt sich aber noch eine weitere Frage. Wie viele *Erhaltungsziele* sollte sich eine Person für den Zeitraum eines Jahres setzen? Was denken Sie, wie viele sollten es sein? Eines? Fünf? Zehn oder noch mehr? Auch hier kommt wieder der Grundsatz *weniger ist mehr* zur Geltung. Wenn sich eine Person drei konkrete Erhaltensziele auswählt und diese dann auch noch mit dem zweiten Werkzeug, das ich Ihnen gleich vorstellen werde, bearbeitet, dann sind damit ausreichend viele einzelne Aktivitäten verbunden.

Legen Sie also fest, welche Bereiche für Ihren persönlichen Erfolg die wichtigsten sind und definieren Sie dafür drei Erhaltensziele. Hier sollten Sie wirklich sehr bewusst auswählen, worauf sich diese besonderen Ziele beziehen. Schreiben Sie Ihre drei wichtigsten Erhaltensziele in der folgenden Tabelle nieder. Sie können das aber auch erst dann tun, wenn Sie alle Informationen über die Zielehierarchie gelesen haben.

Meine Erhaltensziele

1. ____

____

____

____

____

2. ____

____

____

____

____

3. ____

____

____

____

____

2. Ebene – Womit bzw. mit welchen Verhaltensweisen bin ich nicht zufrieden? Die Veränderungsziele

In der zweiten Ebene sollten Sie darüber nachdenken, was bei Ihnen nicht zufrieden stellend läuft. Über welche Verhaltensweisen ärgern Sie sich regelmäßig? Auf welchem Gebiet machen Sie immer wieder Fehler, obwohl Ihnen das nicht passieren dürfte? Wo sind Sie mit sich selbst nicht zufrieden? In dieser Ebene sollten Sie jene Engstellen in Ihrem Wirkungskreis herausfinden, die Sie tatsächlich behindern, sich weiterzuentwickeln. Dabei hilft Ihnen, wenn Sie primär an etwas denken, das Sie sich schon einmal vorgenommen haben und eigentlich umgesetzt sein sollte. Für die zweite Ebene der Zielehierarchie steht also folgende Frage.

Was muss ich konkret verändern und tun, damit ich in jenen Bereichen, in denen die Ergebnisse meiner Handlungen nicht zufrieden stellend sind, meine Qualität entscheidend erhöhen kann?

Aus den Antworten ergeben sich Ihre *Veränderungsziele.* Im Gegensatz zu den *Erhaltenszielen* betreffen sie öfter punktuelle Angelegenheiten, sind in ihrer Dimension also nicht so umfassend.

Trotzdem stellt sich auch hier die Frage, wie viele *Veränderungsziele* Sie sich setzen sollten. Grundsätzlich gilt: So viele, wie nötig. Doch Vorsicht: Wählen Sie auch in dieser Ebene nur die wichtigsten Belange aus.

Im Unternehmen betreffen die *Veränderungsziele* jene Bereiche, in denen Mitarbeiter nicht das erfüllen, was mit ihnen aber vereinbart bzw. was ihnen vorgegeben wurde. Diese Zielabweichungen kann man anhand der zweiten Ebene korrigieren.

Diese zweite Ebene funktioniert aber nur dann, wenn eine Grundforderung der Zielehierarchie erfüllt ist: wenn es auch eine Kontrolle im Sinne eines beobachtenden und begleitenden Prozesses gibt, unabhängig davon, ob es sich dabei um

Selbst- oder Fremdkontrolle handelt. Dies gilt für Unternehmen ebenso wie für einzelne Personen.

Tragen Sie Ihre *Veränderungsziele* in die dafür vorgesehene Tabelle ein. Beschränken Sie sich auf drei konkrete Vorhaben.

Meine Veränderungsziele

1. ___

2. ___

3. ___

3. Ebene – Neues – Die Innovationsziele

In der dritten Ebene spiegelt sich der Gedanke des *Biermodells©* wieder. Es geht um die Schaumaufgaben, also um neue Herausforderungen und um Handlungsfelder, auf denen Sie bislang nicht tätig waren. Sie sollten nachdenken, mit welchen Aktivitäten Sie sich selbst weiterentwickeln können. Die Frage der dritten Ebene lautet also:

Welchen neuen Herausforderungen sollte ich mich stellen, um Neues zu lernen und somit meine persönliche Qualität weiterzuentwickeln?

Bei den *Innovationszielen* geht es immer um Vorhaben, die jemand auswählt, ohne sich verpflichtet zu fühlen, dies jetzt tun zu müssen. Bei den *Veränderungszielen* entsteht der Druck dadurch, dass man ein Ziel nicht erreicht oder mit einem Zustand nicht zufrieden ist.

Auch bei den *Erhaltungszielen* gibt es sehr oft einen Druck, der als Motor gute Arbeit leistet. Wenn eine Person tatsächlich 20 Kilogramm abgenommen hat und dieses Gewicht auch halten will, dann entsteht durchaus ein gewisser Druck, regelmäßig Sport zu betreiben. Denn sonst ist das Idealgewicht wahrscheinlich nicht zu halten.

In der dritten Ebene aber geht es um Ziele, denen keinerlei Druck zu Grunde liegt, um Vorhaben, die völlig neu sind. Vielleicht sind es zunächst absurde Gedanken, vielleicht sind es auch Ideen, bei denen Sie sich fragen, wie diese funktionieren sollen. Für ein persönliches Wachstum und für ein auf Dauer motiviertes Handeln ist es wichtig, auch Innovationen anzustreben. Dabei stellt sich wieder die Frage, wie viele *Innovationsziele* man sich sinnvollerweise setzen soll. Wenn Sie in einem Jahr eine neue Idee verfolgen, dann ist das ausreichend. Im Gegensatz zu den beiden ersten Ebenen ist in der dritten nicht das Realisieren des Vorhabens das Entscheidende, sondern das Verfolgen einer völlig neuen Idee für das eigene Leben. Denn Innovationen sind nicht auf Knopfdruck leistbar, brauchen viel Fantasie und Kreativität, Mut und auch Glück. Verstehen Sie diese dritte Ebene als Spielwiese für Ihr persönliches Wachstum. Nehmen Sie hier allen Druck heraus. Dann werden Sie sehen, dass es immer wieder ausreichend Chancen und Möglichkeiten gibt, innovativ zu sein.

Da so viel von Zielen die Rede ist, fragen Sie sich vielleicht schon länger, wie man Ziele formuliert. Die wichtigsten Grundsätze:

- Beschreiben Sie Ihre Ziele so, dass deren Realisierung auch von anderen Personen überprüft werden könnte.
- Quantifizieren Sie das Ziel. Versehen Sie es mit Daten (Zahlen-, Gewichts-, Termin-, Stück-, Umsatz-, Ertragsangaben ...) damit es exakte Kriterien aufweist, anhand derer es gemessen werden kann.
- Verzichten Sie auf ein punktgenaues Ziel und lassen Sie sich einen Spielraum. Legen Sie Ziele mit einer Bandbreite fest, das erhöht die Chance auf Erfolgserlebnisse.

Stellen Sie sich jemanden vor, der 100 Kilogramm wiegt, obwohl das Idealgewicht bei 80 Kilogramm liegen würde. Diese Person würde sich als punktgenaues Ziel die 80 Kilogramm-Marke setzen und sich bemühen, abzunehmen: Stellt die Ernährung etwas um, beginnt Sport zu betreiben – und tatsächlich, es fällt die 95-Kilo-Marke, es fällt die 90-Kilo-Marke und sogar die 85-Kilo-Marke. Dann allerdings stagniert das Gewicht. Trotz großer Anstrengungen gelingt es nicht, weitere Kilos abzubauen. Die Waage pendelt sich regelmäßig bei

85 Kilogramm ein. Bei entsprechender Bedeutung des punktgenauen Zieles von 80 Kilogramm ist diese Person jetzt frustriert, weil sie das Ziel nicht erreicht hat, obwohl sie doch schon 15 Kilogramm abgenommen hat.

Schützen Sie sich vor solchen demotivierenden Erlebnissen, in dem Sie eine Bandbreite festlegen. In unserem Beispiel könnte das Minimum-Ziel, das es zu erreichen gilt, bei 89 Kilogramm liegen, das Mittel-Ziel bei 85 Kilogramm, und das Optimum-Ziel bei 80 Kilogramm.

So kann man schon wesentlich früher Erfolgserlebnisse empfinden und das Signal *Ziel erreicht* mehrmals erleben.

Und schließlich sollten Sie noch Ihr Augenmerk darauf richten, dass Sie Ihre Ziele immer positiv beschreiben, Negationen vermeiden und vor allem Ihre Vorhaben so definieren, als ob sie schon erreicht wären. Ziele motivieren dann besonders, wenn genau der Zustand beschrieben wird, den es zu erreichen gilt. Formulieren Sie also etwa folgendermaßen: *Ab 22. Mai beträgt mein Normalgewicht: Minimum-Ziel 89 Kilogramm, Mittel-Ziel 85 Kilogramm und Optimum 80 Kilogramm.* Ein *Erhaltensziel* dafür könnte lauten: *Für mein Idealgewicht laufe ich drei bis vier Mal in der Woche zwischen 50 und 60 Minuten lang.*

Nur dann haben Sie genügend Bildmaterial zur Verfügung, dass daraus ein innerer Film entstehen kann, der als Antrieb stark genug ist, damit Sie Ihr Vorhaben auch erfolgreich umsetzen können. Um Ihre Ziele mit der festen Überzeugung zu formulieren, dass Sie sie auch erreichen, können Sie sich des nächsten Werkzeuges bedienen.

Wenn ich Seminarteilnehmer nach ihren wichtigsten Zielen frage, die sie gerade verfolgen, dann erhalte ich Antworten wie:

- die Zusammenarbeit mit meinen Mitarbeitern verbessern,
- den Informationsfluss zwischen meiner Abteilung und der Abteilung XY verbessern,
- eine Prüfung bestehen,
- mit dem Rauchen aufhören,
- zehn Kilogramm abnehmen,
- mich mehr um meine Familie kümmern usw., usf.

Abgesehen davon, dass diese Ziele nicht den Kriterien entsprechen, die ich Ihnen zur Formulierung von Zielen eben vorgestellt habe, haben diese fünf Beispiele noch einen weiteren gemeinsamen Nenner. Worauf beziehen sich diese fünf Vorhaben? Was beschreiben Sie? Richtig, sie legen konkrete Ergebnisse fest: *Die Zusammenarbeit verbessern, den Informationsfluss verbessern, mit dem Rauchen aufhören, zehn Kilogramm abnehmen, sich mehr um die Familie kümmern.* Es ist auch richtig, dass diese Dimension in der Zielformulierung konkret angeführt wird – daraus ergeben sich die so genannten *Ergebnisziele,* die den zu erreichenden Zustand beschreiben. Sie sind aber wie gesagt nur eine Dimension.

Die zweite, aus meiner Sicht, ebenso entscheidende, fehlt noch.

Machen Sie es sich zu einer festen Gewohnheit, zu jedem Ihrer *Ergebnisziele* auch mehrere *Aktivitätsziele* zu formulieren. Diese zweite Dimension beschreibt in groben Zügen den Weg zu einem Ziel und gibt Antworten auf die Frage, was alles konkret getan werden muss, um das gewünschte Ergebnis zu erreichen. Folgende Erinnerung an meine Kindheit soll diesen Ansatz verdeutlichen.

Ich bin in der Oststeiermark aufgewachsen. Durch meinen Heimatort Pöllau fließt der Saifenbach. In der warmen Jahreszeit haben wir Kinder oft dort gespielt, wo die Saifen drei bis vier Meter breit und knöchel- bis knietief war. Oft versuchten wir, von einer Seite des Baches auf die andere zu kommen, ohne nass zu werden. Das *Ergebnisziel,* das wir hatten, war also, von der einen auf die andere Seite zu gelangen, ohne nass zu werden. Sie wissen bestimmt schon, wie wir das gemacht haben. Wenn Sie selbst auf dem Land aufgewachsen sind, dann haben Sie diese Technik wohl auch angewendet. Wir haben Steine in der entsprechenden Größe und in den notwendigen Abständen in den Saifenbach gelegt, damit wir mit einigen Sprüngen trocken ans andere Ufer kommen konnten. Daher nenne ich diese Methode die *Steine-im-Fluss-Methode.*

Die *Aktivitätsziele* legen also die wesentlichen Maßnahmen konkret fest, die Sie selbst treffen können, um zu Ihrem angestrebten Ergebnis zu gelangen. Entscheidend erscheint mir hier, dass Sie die Macht und Kontrolle über diese Tätigkeiten besitzen und daher selbst für die Realisierung verantwortlich sind. Diese zweite Zieledimension bietet zudem noch einen weiteren Vorteil. Unter Umständen können die *Aktivitätsziele* wie eine Schutzimpfung für Ihr Selbstwertgefühl wirken.

Verwenden wir als Beispiel das Ziel, eine bestimmte Prüfung zu bestehen. Nehmen wir an, es handelt sich um eine Prüfung im Rahmen Ihrer Berufsweiterbildung, die für Sie auch einen höheren Stellenwert besitzt. Nennen wir sie Managementprüfung und gehen wir davon aus, dass der Termin der 30. Juni ist.

Das konkrete Ziel für dieses Vorhaben könnte lauten: *Ab*

1. Juli besitze ich das Diplom der Managementprüfung. Da Sie schon vor dieser Prüfung eine sehr gute Führungskraft sind und diese Ausbildung für Sie auch einen gewissen Anreiz darstellt, bereiten Sie sich gewissenhaft vor. Sie haben gut gelernt und sind voller Zuversicht. Am Prüfungstag machen Sie sich auf den Weg, um Ihr Diplom zu erlangen. Zur gleichen Zeit macht sich auch Ihr Prüfer auf den Weg. Bevor er aber von zu Hause losfährt, erlebt er noch einen fürchterlichen Ehekrach. Es ist schlimm, und es bleibt keine Zeit, sich auszureden. Die Zeit drängt, denn schließlich sind ja heute Prüfungen. Ihr Prüfer kommt also mit einer miesen Laune, ganz und gar übel gestimmt, und beginnt Sie zu prüfen. Wenn Sie Pech haben und sich Ihr Prüfer auf diese Art abreagieren will, dann fallen Sie durch, obwohl Sie sich gewissenhaft und gut vorbereitet haben.

Nehmen wir an, es wäre so. Sie wissen natürlich nichts von den persönlichen Problemen Ihres Prüfers und verstehen die Welt nicht. Sie sind durchgefallen, ohne die Gründe zu erkennen. Wie würde sich dieser Misserfolg auswirken? Bei vielen Menschen würde es eine Herabsetzung des für die eigene Motivation so wichtigen Selbstwertgefühls bedeuten.

Wenn Sie aber Ihre *Aktivitätsziele* alle realisiert haben, dann können Sie den Misserfolg auf äußere Faktoren zurückführen und die Wirkung auf Ihr Selbstwertgefühl deutlich mildern. Denn das, was in Ihrer Macht stand, haben Sie erfolgreich umgesetzt, und gegen manche externe Faktoren kommen Sie auch dann nicht an, wenn Sie sich sehr bemühen.

So könnten einige *Aktivitätsziele* zum Ergebnisziel *Prüfung bestehen* lauten:

- *Ich bin regelmäßig bei den Kursen, die als Prüfungsvorbereitung angeboten werden.*
- *Ich lese die Bücher xy und yz.*

- *Ich spreche mit den Kollegen xy und yz, die diese Prüfung schon vor einiger Zeit bestanden haben, über den Ablauf.*
- *Ich erarbeite drei Fallbeispiele aus meiner Führungspraxis.*
- *Ich spreche vor der Prüfung mit meinem Lehrer, worauf es besonders ankommen wird.*
- *Ich lerne drei Wochen lang jeden Abend zwei Stunden.*
- *Drei Tage vor der Prüfung wiederhole ich den gesamten Stoff.*

Drittes Werkzeug – Kann man im Leben alles erreichen? Ein Modell zur Vorbereitung und Analyse von Zielprozessen

Was halten Sie von einem einfachen Modell, das Ihnen in Zukunft helfen kann, realistische Vorhaben von unrealistischen zu unterscheiden, das Ihnen sagt, was für Sie möglich ist? Ein Werkzeug, durch das Sie künftig effizienter sein werden, weil Sie wichtige Handlungen prüfen, ehe Sie Zeit und Energie dafür investieren? Der Ansatz, der meinem Modell zu Grunde liegt, stammt aus der *Attributionstheorie,* die momentan als eines der wichtigsten neueren Forschungsgebiete gilt. Sie beschäftigt sich mit der Zuschreibung von Ursachen zu bestimmten Handlungen. Es geht also darum, was Menschen für Erfolg bzw. Misserfolg verantwortlich machen.

Wodurch wird Ihr künftiges Handeln wesentlich mitgesteuert? Durch Ihre Motivation, denken Sie? Natürlich steuert sie Ihre Aktivitäten. Aber da sind noch Ihre Erfahrungen aus vergangenen Handlungen, vor allem, worauf Sie Ihre Erfolge und Misserfolge zurückgeführt haben. Welchen entscheidenden Einfluss diese Zuschreibungen auf unsere Motivation ausüben, haben wir bei der Beschreibung von *Erfolgs-*

suchern und *Misserfolgsmeidern* gesehen. Diese beiden Typen machen ja sehr unterschiedliche Ursachen für Erfolg bzw. Misserfolg verantwortlich.

Wenn Sie wissen wollen, was für Sie in Ihrem Leben möglich ist, dann brauchen Sie zunächst eine Tabelle mit vier Feldern. Zwei davon dienen für personenbezogene Faktoren, die also unmittelbar mit Ihnen zu tun haben. Die beiden anderen betreffen die Umwelt, in der Ihre Handlungen stattfinden. Das heißt, es geht um zwei Faktoren, die in Ihrer Persönlichkeit und Ihrer Kompetenz liegen, und um zwei, die außerhalb Ihres Einflussbereiches in Ihrem Umfeld liegen. Dazu kommt eine weitere Dimension. Für jedes der vier erstgenannten Felder gilt nun die Frage, ob die daraus resultierenden Ursachen recht stabil oder recht variabel sind.

Modell zur Vorbereitung und Analyse von Zielprozessen

	recht stabil	**recht variabel**
personenbezogen	Grundsätzliche Fähigkeit einer Person; Talente	Vorstellungen, Einstellung und Gedanken zur Tätigkeit; Anstrengung, Arbeitseinsatz, Fleiss
situationsbezogen	Aufgabenschwierigkeit	Zufall, Glück, Pech, Verfassung (Krankheit; Biorhythmus); Situation usw.

Betrachten wir zunächst die beiden Faktoren, die ich als recht stabil dargestellt habe. Sie haben bestimmte Talente, die sie von anderen Menschen unterscheiden und für eine bestimmte Sache geeigneter machen als für eine andere. Darunter fallen nicht nur kognitive Fähigkeiten, sondern auch körperliche. Wenn Sie sich die besten Marathonläufer ansehen, wird Ihnen auffallen, dass die meisten einen ähnlichen Körperbau aufweisen. In der Basketball-Liga hingegen zeichnen sich die Spieler durch Körpergröße und hohe Sprungkraft aus. Das sind Faktoren, die zwar in der jeweiligen Person verankert sind, aber von ihr nicht unmittelbar beeinflusst werden können.

Ebenfalls als recht stabil gilt die Schwierigkeit der jeweiligen Aufgabe, um die es aktuell geht. Ganz egal, was Sie tun möchten, die Herausforderung, die Sie sich ausgesucht haben, weist eine Schwierigkeit an sich auf. Ein schönes Bild dafür bietet das Klettern. Ein Aufstieg mit dem Schwierigkeitsgrad 3 unterscheidet sich deutlich von einer Wand mit dem Schwierigkeitsgrad 6 – dies kann in den Bergen sogar über Leben und Tod entscheiden. Die Schwierigkeitsgrade sind objektiviert, von Dauer und hängen nicht von persönlichen Elementen ab.

Wenden wir uns nun den beiden Faktoren zu, die ich als recht variabel betrachte. Da ist zunächst jener, den Sie nicht unter Ihre Kontrolle bringen können, da er in Ihrer Umwelt begründet ist. Auch wenn Sie sich noch so anstrengen, die Begriffe, die in dieses Feld gehören, bedeuten keine persönlichen Leistungen. Stellen Sie sich vor, Sie würden beim nächsten Spaziergang auf der Straße einen 100-Euro-Schein finden. Würden Sie das als eine persönliche, besondere Leistung betrachten? Eher wohl würden Sie das Ihrem Glück zuschreiben. Um diese Größen geht es in diesem Feld. Es gibt Situationen, in denen Menschen sich besonders bemühen, auch etwas Tolles zu bieten haben, nichts falsch machen und trotzdem einen Misserfolg erleiden. Man kann auch einfach Pech haben. Genauso gibt es bestimmte Augenblicke, in denen Personen nichts Besonderes zu bieten haben, sich vielleicht auch nicht sonderlich anstrengen, einiges sogar falsch machen und trotzdem Erfolg haben. Das ist Glück.

Bleibt schließlich das vierte Feld, jenes, das ebenfalls recht variable Komponenten aufweist und dennoch in Ihrer Kontrolle liegt. Sie selbst haben es in der Hand, zu entscheiden, was aus bestimmten Vorgängen wird. Hier geht es um Ihre Vor- und Einstellungen, um den Einsatz, den Sie zu leisten gewillt und im Stande sind. Sie selbst entscheiden, was Sie etwa über Ihre Nachbarn denken. Sie selbst legen auch fest, nach wie vielen Versuchen Sie bei einer bestimmten Handlung aufgeben.

Diese Tabelle können Sie benützen, wenn Sie etwas Neues angehen möchten. Sie sollten sie in jedem Fall anwenden, wenn Sie sicher sein wollen, ob diese Herausforderung auch die richtige für Sie ist. Sie können so herausfinden, was in Ihrem Leben möglich ist, und werden auch Angelegenheiten erkennen, in die Sie lieber nicht Zeit und Energie investieren sollten. Um diese Antwort zu erhalten, müssen Sie sich mit einigen Fragen zu den jeweiligen Feldern beschäftigen. Dabei ist es von entscheidender Bedeutung, dass Sie ehrlich und selbstkritisch antworten. Es wird Ihnen sicherlich auch hilfreich sein, wenn Sie mit einer Person Ihres Vertrauens über Ihre Einschätzungen sprechen. Am Ende dieses Prozesses werden Sie wissen, ob Sie das betreffende Vorhaben nun realisieren oder lieber bleiben lassen sollten.

Fragen zur Fähigkeit

- Habe ich die Fähigkeiten, die man braucht, um dieses Vorhaben erfolgreich umzusetzen?
- Welche Talente und Fähigkeiten habe ich, die mich besonders für diese Sache geeignet machen?

- Wie, wo und wann kann ich die fehlenden Fähigkeiten lernen?

Fragen zur Aufgabenschwierigkeit

- Welche Schwierigkeit wird dem Vorhaben zugeschrieben?
- Wo liegen dabei die besonderen Herausforderungen?
- Wie gut passen meine Fähigkeiten zur Herausforderung dieser Aufgabe?

Fragen zur Situation

- In welcher Situation wird diese Handlung stattfinden? (Was ist der Rahmen?)
- Welche Vorteile bietet die Situation für das Gelingen?
- Wie wichtig ist die Situation für das Gelingen dieses Vorhabens?

Fragen zu den Gedanken bezüglich des Vorhabens

- Welche Vorstellungen muss ich entwickeln, damit ich es schaffen werde?
- Mit welchem Einsatz muss ich an die Sache gehen, um erfolgreich zu sein?
- Welche Glaubens- bzw. Grundsätze werden mir helfen?

Wenn Sie mit diesem Ansatz arbeiten, dann stellen Sie sich diese Fragen während des Zielprozesses immer wieder. Gerade wenn eine Sache ins Stocken gerät, kann die Auseinandersetzung mit diesen vier Themen entscheidend sein. Denn je öfter Sie darüber nachdenken, desto mehr aufbauende und bestätigende, hilfreiche und fördernde Antworten werden Sie erhalten. Voraussetzung dafür ist jedoch, dass Sie sich auf die Suche nach positiven und förderlichen Antworten machen!

Dieses Modell bietet sich aber nicht nur für die Vorbereitung von wichtigen Aktivitäten an, sondern auch für die Analyse. Machen Sie es sich zur Gewohnheit und prüfen Sie die Abläufe Ihrer wichtigsten Herausforderungen. Unabhängig davon, ob Sie erfolgreich waren oder nicht. Gehen Sie auch dabei die vier Felder durch und finden Sie heraus, welche Faktoren hauptverantwortlich für das Ergebnis gemacht werden können. Lernen Sie aus Ihren Analysen. Und setzen Sie bei der nächsten ähnlichen Herausforderung Ihre gewonnenen Erkenntnisse ein.

10. Aktiv sein und durchstarten

Erfolg hat nur der, der etwas tut,
während er auf den Erfolg wartet.

Thomas Alva Edison

In diesem vorletzten Kapitel möchte ich Ihnen noch drei Gedanken näher bringen, die Ihnen helfen können, *durchzustarten*. Diese Werkzeuge sind einfache Ansätze, die auch in meinen Seminaren immer wieder gut ankommen.

Ihre Worte repräsentieren Ihre Bilder

Neurowissenschafter schätzen, dass wir durchschnittlich 50 000 bis 60 000 Gedanken pro Tag denken. Gemäß dieser neurologischen Untersuchungen sind allerdings etwa 95 Prozent davon täglich gleich. Stellen Sie sich vor, was das bedeutet. Diejenigen, die wie selbstverständlich negativ denken, denken jeden Tag den gleichen Müll. Diejenigen hingegen, die wie automatisch positiv denken, bauen sich jeden Tag mit enormer Konsequenz auf.

Ich gehe hier deshalb auf die Sprache ein, weil die Worte, die Sie verwenden, die Sätze, die Sie bilden, eine übersetzte Kopie Ihrer inneren Bilder sind. Und unser Gehirn erzeugt ständig Bilder. Es kann niemand «Nicht-Bilder» erzeugen. Sobald ich Sie auffordere, nicht an eine Coca-Cola-Flasche zu denken, ist dieses Bild erzeugt. Sie können es nicht nicht denken.

Erinnern Sie sich noch an den kurzen Dialog, der mir aus meiner Diskjockey-Zeit in Erinnerung geblieben ist? Auch er bestätigt eine These, die ich in zehn Trainer- und Beraterjahren nicht widerlegen konnte – dass nämlich viele Menschen zu oft negative Bilder erzeugen. Sie können ganz genau sagen, was sie nicht möchten, haben aber ernsthafte Schwierigkeiten, klar zu formulieren, was sie denn nun wollen. Für Ihre Motivation und für Ihre persönliche Entwicklung ist es wichtig, dass Sie genau die Bilder erzeugen, die Sie anstreben.

Investieren Sie in den nächsten Tagen einmal eine Stunde Zeit und hören Sie einfach nur zu. Horchen Sie, wie die Menschen um Sie sprechen, welche Worte verwendet und welche Bilder damit gezeichnet werden. Es wird Ihnen auffallen, dass oft jene Bilder erzeugt werden, die man eigentlich loshaben will.

Stellen Sie sich vor, jemand liegt wegen einer alltäglichen Blinddarmoperation im Krankenhaus. Am Abend vor dem Eingriff besucht der Anästhesist seinen etwas ängstlichen Patienten. Der Arzt erkennt dies und versucht ihn zu beruhigen, indem er sagt: *Sie brauchen überhaupt keine Angst zu haben!* Welches Bild wird also im Kopf dieser Person massiv verstärkt? Richtig: die Angst. Der Patient fragt sich: *Warum sagt er das?* oder: *Was weiß ich nicht, weil er mich beruhigen will?* Dabei war die Absicht des Narkosearztes eigentlich, den Patienten zu beruhigen.

Ähnliches gilt auch für die oft übergroßen Rauchverbotsschilder in öffentlichen Gebäuden. Es sind runde Tafeln, innen weiß, roter Rand und eine große, durchgestrichene, qualmende Zigarette. Die Erfinder dieser Tafel haben offensichtlich nicht an die Folge ihrer Botschaft gedacht. Diese lautet nämlich: rauchen. Das Gehirn kann die Negation nicht verarbeiten, die Bilder, die entstehen, drehen sich alle ums Rauchen.

Beobachten Sie sich auch einmal selbst. Welche Bilder transportieren Sie, wenn Sie sprechen? Als kleines Trainingsprogramm dazu habe ich für Sie sieben Aussagen zusammengestellt, die aus dem Alltag stammen. Der gemeinsame Nenner dieser Sätze ist, dass sie genau die Bilder erzeugen, die sie eigentlich vermeiden wollten (in diesem Fall also negative Bilder).

Nehmen Sie sich die Zeit und formulieren Sie in den nächsten Minuten diese Aussagen so um, dass positive Bilder entstehen.

1) *Du brauchst überhaupt keine Angst zu haben* ➔ Bild: Angst!

Neu: ______________________________

➔ Bild: ______________________________

2) *Es tut überhaupt nicht weh* ➔ Bild: Es tut weh!

Neu: ______________________________

➔ Bild: ______________________________

3) *Ich darf nicht mehr rauchen* ➔ Bild: Rauchen!

Neu: ______________________________

➔ Bild: ______________________________

4) *Mein Job strengt mich so an und macht mich so müde* ➔ Bild: Anstrengung/Müdigkeit

Neu: ______________________________

➔ Bild: ______________________________

5) *Das ist ein großes Problem* oder *Das geht bzw. funktioniert doch nicht* ➔ Bild: großes Problem bzw. Es geht nicht!

Neu: ______________________________

➔ Bild: ______________________________

6) *Das haben wir noch nie so gemacht* ➔ Bild: Nie so machen!

Neu: ______________________________

➔ Bild: ______________________________

7) *Das geht nicht* ➔ Bild: Kann man nicht tun, weil es nicht geht!

Neu: ______________________________

➔ Bild: ______________________________

Ist es Ihnen leicht gefallen, die Aussagen so zu formulieren, dass neue, positive Bilder entstanden sind? Oder hatten Sie Mühe? Wenn Ihnen diese kleine Übung doch nicht so leicht gefallen ist, dann sollten Sie in der nächsten Zeit bewusst auf Ihre Sprache und die Bilder achten, die Sie damit erzeugen. Wenn Sie das ein paar Wochen durchhalten, werden Sie in positiven Bildern reden und präzise sagen können, was Sie möchten. Hier meine möglichen Formulierungen.

1) «Du brauchst überhaupt keine Angst zu haben» ➔ Bild: Angst!
Neu: *Haben Sie Mut!*
➔ Bild: *Mut*

2) «Es tut überhaupt nicht weh» ➔ Bild: Es tut weh!
Neu: *Es macht Sie gesund!*
➔ Bild: *Gesund werden*

3) «Ich darf nicht mehr rauchen» ➔ Bild: Rauchen!
Neu: *Ab heute lebe ich gesund, damit ich alt werde*
➔ Bild: *Alt werden/gesund sein*

4) «Mein Job strengt mich so an und macht mich so müde»
➔ Bild: Anstrengung/Müde
Neu: *Mein Job fordert mich voll heraus; die brauchen mich!*
➔ Bild: *Herausforderung; gebraucht werden*

5) «Das ist ein großes Problem» ➔ Bild: großes Problem
Neu: *Das ist eine besondere Herausforderung!*
➔ Bild: *Herausforderung*

6) «Das haben wir noch nie so gemacht» ‹ Bild: Nicht so machen!
Neu: *Was wäre, wenn wir das so machen würden?*
➔ Bild: *Alternative*

7) «Das geht nicht» ➔ Bild: Kann man nicht tun, weil es nicht geht!
Neu: *Was muss ich tun, damit es so funktioniert?*
➔ Bild: *Handlungsschritte*

Es gibt für jede negative Formulierung viele weitere positive, und Sie haben wohl auch andere gefunden. Mit dieser Übung, die Sie beliebig ausdehnen können, vermögen Sie Ihre Sprache genauso zu trainieren wie einen Muskel. Schon nach kurzer Zeit werden Sie merken, dass sich tatsächlich etwas verändert hat. Durch Ihre positiven Formulierungen werden auch Ihre Bilder optimistischer. Das wiederum hat zur Folge, dass Sie motivierter an Ihre Aufgaben herangehen werden.

So motivieren und begeistern Sie

Es gibt Menschen, die scheinen eine bestimmte Gabe zu besitzen, nämlich die Fähigkeit, andere Personen besonders zu motivieren und zu begeistern. Man trifft diese außergewöhnlichen Menschen in Führungsetagen genauso wie in Fabrikationshallen, in Sportmannschaften wie in Familien, in Schulen wie in Kirchen. Sie scheinen auf den ersten Blick nichts Außergewöhnliches zu tun, scheinen sich nicht anzustrengen, und trotzdem folgen ihnen andere Menschen.

Zu diesem erlesenen Kreis gehören wir grundsätzlich alle. Es handelt sich keineswegs um ein Talent, sondern um bestimmte Prinzipien, nach denen diese Personen leben. Diese besondere Fähigkeit kann man lernen. Dazu gehört ein sehr strukturiertes Vorgehen, das, bewusst oder unbewusst, immer nach der gleichen Systematik abläuft. Ich habe sie zum *5-Stufen-Modell der Begeisterung* zusammengestellt, zugleich als knappe Zusammenfassung des *Treppenläufers*.

Nützen Sie diese Gelegenheit auch gleich zu einer kurzen Selbstreflexion. Prüfen Sie, inwieweit Ihre Vorgangsweisen dieser Systematik entsprechen, und legen Sie gleichzeitig fest, welcher dieser fünf Punkte Ihre persönliche Stärke und welcher Ihre Schwäche darstellt. Überlegen Sie sich dann auch, was Sie tun könnten, um diesen fünf Stufen besser Rechnung zu tragen.

5-Stufen-Modell der Begeisterung

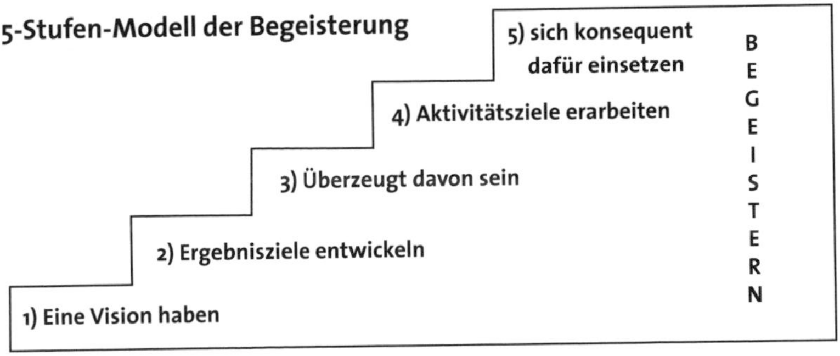

Sie können den Selbstcheck sehr einfach durchführen, indem Sie die folgenden Beschreibungen zu den fünf Stufen auf Ihre Situation beziehen.

1. Stufe: Eine Vision haben

Ich habe Bilder meiner großen Idee im Kopf und sehe deutlich, wie sie aussieht. Ich kann jederzeit einen inneren Film ablaufen lassen, der mich mit tollen Bildern versorgt, mich motiviert und begeistert. Das macht *Lust auf mehr.*

2. Stufe: Ergebnisziele entwickeln

Aus meiner Vision ergeben sich für mich klare und konkret umzusetzende Ziele. Mittelfristig weiß ich genau, was ich zu tun habe. Jedes meiner Vorhaben stellt ein Ergebnis dar. Die Summe der realisierten Ziele bildet die Basis für meine Vision.

3. Stufe: Überzeugt sein davon

Ich weiß, ich kann es schaffen! Es hängt von meinen Einstellungen und von meinem Einsatz ab. Auch wenn es sehr schwer wird, ich bin felsenfest davon überzeugt, dass es möglich ist! Ich weiß, die Bilder in meinem Kopf sind meine Bilder. Es geht um meinen Weg, um mein Leben, und das ist das Wichtigste, was ich habe. Ich weiß aber auch, dass meine Ideen nicht nur für mich positiv sind, sondern dass auch andere Menschen davon profitieren können.

4. Stufe: Aktivitätsziele erarbeiten
Ich weiß genau, durch welche konkreten Einzelaktivitäten ich meine Ergebnisziele erreichen kann, was ich zu tun habe. Ich entwerfe eine innere Landkarte, die mir die Sicherheit und Orientierung gibt, die ich brauche.

5. Sich konsequent dafür einsetzen
Ich arbeite für meine Ziele konsequent und mit großem Einsatz. Auch wenn ich immer wieder zu Boden gehe – ich stehe wieder auf und handle nach dem Motto: *Zu Boden zu gehen ist keine Schande. Gescheitert bin ich, wenn ich liegen bleibe.* Ich weiß, dass mich jeder Versuch, den ich starte, einen Schritt näher zu einer Lösung bringt. Ich lasse mich von meinem Weg nicht abbringen und setze mich mit voller Kraft dafür ein. Meine Konsequenz treibt mich auch dann noch weiter, wenn andere schon aufgegeben hätten. So lange meine inneren Bilder mir sagen, dass ich es schaffen kann, bleibe ich dran.

Wenn Sie auf jede dieser fünf kurzen Beschreibungen mit einem eindeutigen *Ja* antworten konnten, dann gehören Sie zu den Menschen, denen andere sich gerne anvertrauen und folgen, denn sie spüren die Energie und die Kraft, die von Ihnen ausgeht. Diese Rückmeldung werden Sie auch von den Menschen, mit denen Sie zu tun haben, erhalten. Sie sehen, dass das, was Sie sagen, und das, was Sie tun, wirklich zusammenpasst. *Walk what you talk*, heißt die Devise. Das motiviert! Andere Personen werden Sie als authentisch und selbstsicher beschreiben. Das gibt auch anderen Sicherheit, und vor allem sind das die beiden wichtigsten Faktoren, um überzeugend zu sein!

Eine Methode, das Verhalten doch zu ändern

Es ist eine immense Herausforderung, das eigene Verhalten nachhaltig zu verändern. Der größte Teil unseres Tuns besteht aus erlernten Programmen, die in den Jahren zu festgeschriebenen und oft unkritisch übernommenen Handlungsweisen werden. Dennoch bin ich überzeugt, dass es jeder selbst in der Hand hätte, sich in verschiedene Richtungen zu verändern. Warum ich den Konjunktiv verwende? Die Antwort ist ebenso einfach wie traurig: Weil so wenige Menschen von dieser Möglichkeit Gebrauch machen.

Dies hängt mit einem Mechanismus zusammen, den wir im Laufe der Zeit quasi als *Schutzfunktion* entwickelt haben. Wenn wir darüber nachdenken, was wir an uns ändern sollten, dann beschäftigen wir uns ja mit unseren eigenen Schwächen. Bei vielen Personen entsteht dabei ein negatives Gefühl, das sie als sehr unangenehm empfinden. Das ist auch der Grund, warum wir viele Mechanismen entwickelt haben, mit denen wir uns selbst täuschen können. Diese helfen uns, unsere Schwächen vor uns selbst und anderen zu verstecken.

Wenn wir uns also mit Vorhaben beschäftigen, bei denen wir uns auch mit unseren Seiten auseinander setzen müssen, die wir nicht gerne mögen, dann lassen wir uns dabei in der Regel besonders leicht entmutigen – und wir konzentrieren uns dann auf andere Bereiche, in denen wir uns umso besser fühlen, als sie zudem vom eigentlichen Thema ablenken. Diese Kompensationshandlungen führen oft dazu, dass Verhaltensänderungen wohl angedacht, aber selten umgesetzt werden. Man flüchtet dann in Selbstmitleid und erklärt sich selbst und der Welt, warum man dieses oder jenes doch nicht schafft. Um das eigene Verhalten tatsächlich verändern zu können, muss man sich auch mit den eigenen negativen Seiten auseinander setzen. Diese Konfrontation ist nicht nur notwendig, sondern für das persönliche Wachstum sehr nützlich.

Gibt es bei Ihnen etwas, das Sie ändern wollen? Eine Eigenart, die Sie schon lange ablegen wollen, bis jetzt aber nicht gewusst haben, wie Sie das anstellen sollen? Ich möchte Ihnen eine ebenso einfache wie wirksame Technik zeigen, die Sie auf den richtigen Weg bringt.

Lange Zeit glaubte man, dass Verhaltensänderungen und Lernen durch die beiden Faktoren Dauer und Häufigkeit definiert seien. Dass dies nicht stimmt, habe ich in Kindheit und Jugend erleben müssen. Als Sohn eines Musikers hatte ich natürlich auch ein Instrument zu spielen – 15 Jahre lang habe ich Violine und Viola gelernt. Jeden Tag musste ich eine Stunde üben. Dabei habe ich mich geplagt, und es hat mir keine Freude bereitet. So habe ich Techniken entwickelt, um diesem Zwang zu entrinnen; hätte dieser Einsatz meiner Grifftechnik gegolten, wäre ich ein guter Streicher geworden.

Dieses Phänomen tritt auch am Arbeitsmarkt auf. Egal, wohin wir uns dabei wenden, wann immer Menschen mit Aufgaben konfrontiert sind, die ihnen keinerlei Lust bereiten, werden sie in der Vermeidung oder auch Verlangsamung dieser Tätigkeit sehr erfinderisch und fantasievoll. Um diese Ressourcen ist es wahrlich schade.

Die Eigenschaft, die meinem Vater ermöglichte, ein international renommierter Bratschist zu sein, fehlt mir von Grund auf. Da das tägliche Üben für mich einen Zwang bedeutete, entwickelte ich keine positive Emotionalität zu dieser Musik. Also fehlte mir die wichtigste Voraussetzung für erfolgreiches Lernen und für nachhaltige Verhaltensänderungen. Um wirklich fruchtbar zu lernen und auch um langfristig persönliches Verhalten zu ändern, müssen die entsprechenden Handlungen emotional besetzt sein. Wir müssen diese Handlungsweisen mit Lust und Schmerz assoziieren. Der Schmerz sollte sich dabei auf das zu ändernde, kritisierte Verhalten beziehen, durch das neue Verhalten hingegen sollten wir Lust empfinden können. Diese Emotionalisierung ist leichter geschrieben als getan. Es braucht auch einen entsprechenden kognitiven Zugang, um diese beiden Zuschreibungen zu den Verhaltensweisen nachhaltig in unserem Gehirn zu verankern. Folgende Technik, die ich aus Gedanken von Anthony Robbins in seinem Bestseller *Power Prinzip* entwickelt habe, kann Ihnen dabei helfen. Gehen Sie die einzelnen Schritte konsequent durch. Seien Sie dabei ehrlich zu sich selbst und versuchen Sie, sich selbst nichts vorzumachen.

Hier können Sie wiederum auf eine Technik zurückgreifen, die ich Ihnen vorgestellt habe. Besprechen Sie die Ergebnisse der einzelnen Phasen auch diesmal mit einer Person, der Sie sich anvertrauen können.

1. Schritt

Notieren Sie konkret, worin die gewünschte Verhaltensänderung besteht. Welches ist das kritisierte, zu ändernde und welches ist das erwünschte Verhalten? Formulieren Sie das neue Verhalten positiv, so wie Sie es bei der Übung *Worte repräsentieren Ihre Bilder* auch gemacht haben.

____

____

____

2. Schritt

Überlegen Sie, seit wann in Ihnen der Wunsch, das betreffende Verhalten zu ändern, präsent ist. Als Nächstes suchen Sie mögliche Gründe dafür, die Sie gehindert haben, schon früher zu handeln. Wahrscheinlich geht es Ihnen so wie vielen anderen Menschen in dieser Situation. An das neue Verhalten werden irgendwelche negativen Empfindungen geknüpft, die manchmal so stark sind, das die Änderung nicht erfolgt. Welche negativen Assoziationen haben Sie bisher an das neue Verhalten und die Veränderung selbst geknüpft? Seien Sie hier so konkret wie möglich.

____

____

____

____

____

____

3. Schritt

Viele Leute erzählen, dass sie dem zu ändernden Verhalten auch positive Erfahrungen zuschreiben. Das sind auch oft zusätzliche Gründe dafür, dass persönliche Veränderungen nicht erfolgen. Schreiben Sie alle positiven Assoziationen nieder, die Sie bislang mit dem kritisierten Verhalten verbinden.

____

____

____

____

4. Schritt

Obwohl Sie eben auch angenehme Bilder mit dem betreffenden Verhalten verbunden haben, wollen Sie es ändern. Schreiben Sie nun ganz konkret auf, mit welchen negativen Konsequenzen Sie wahrscheinlich rechnen müssen, wenn Sie sich jetzt nicht ändern. Was wird dann in einiger Zeit sein? Wie werden sich diese negativen Konsequenzen bemerkbar machen? Was bedeuten diese konkret für Ihr weiteres Leben? Verzichten Sie in dieser Stufe auf Verharmlosungen oder Verniedlichungen. Seien Sie klar und realistisch.

____

____

____

____

5. Schritt

In diesem Schritt geht es darum, was Sie durch das neue Verhalten gewinnen können. Welche Vorteile können Sie genießen, wenn es Ihnen tatsächlich gelingt, Ihr Verhalten zu ändern? Was bringt es Ihnen? Was bedeuten diese Vorteile für Ihr Leben, für Ihre Partnerschaft oder auch für Ihre berufliche Position? Stellen Sie sich diese positiven Seiten des neuen Verhaltens in möglichst bunten Bildern vor.

____

____

____

____

6. Schritt

Stellen Sie nun die positiven den negativen Argumenten gegenüber. Vergleichen Sie die beiden Verhaltensweisen und ziehen Sie daraus einen für Sie bindenden Schluss: Welches Verhalten hilft Ihnen eher, Ihre Vision langfristig zu realisieren? Welche Handlungsweise ist jene, die Sie in Ihrem Innersten wünschten? In den meisten Fällen ergibt sich eine klare Konstellation, und Sie werden wissen, was zu tun ist. Vor allem werden Sie auch genau wissen, warum Sie es tun! Sie erinnern sich, aus dem *Warum* entspringen 80 Prozent unserer Energie.

____

____

____

____

7. Schritt

Definieren Sie nun die ersten drei konkreten Aktivitätsziele, die Ihnen helfen, Ihr Vorhaben erfolgreich umzusetzen. Starten Sie heute. Ihr neues Verhalten braucht in der Regel keine weitere Vorlaufzeit. Sie wissen, was Sie wollen, und Sie wissen auch, warum Sie es wollen. Nun gilt nur noch ein Grundsatz: Handeln Sie entsprechend und seien Sie dabei konsequent!

1. ____

____

____

2. ____

____

____

3. ____

____

____

Denken Sie daran, dass die Änderung des Verhaltens nicht das eigentlich Herausfordernde ist. Das Besondere ist, es auch dauerhaft beizubehalten. Sorgen Sie deshalb dafür, dass Sie ausreichend Erfolgserlebnisse genießen können. In schwierigen Situationen, in die Sie vielleicht kommen werden, helfen Ihnen Ihre Bilder im Kopf. Sie haben ja einen entscheidenden Vorteil, denn Sie wissen, *warum* Sie es tun!

11. Der Treppenläufer 2

Zum Erfolg gibt es keinen Lift.
Man muss die Treppe benutzen.

Emil Oesch

Bei einem Akquisitionsgespräch stellte mir einer unserer Wunschkunden eine Frage, die mich so verblüfft hat, dass ich sie heute noch genau wiedergeben kann: Ob mein Lebenslauf aus Marketingzwecken manipuliert sei oder ob ich tatsächlich *das alles schon gemacht habe.* Wenn Sie auf dem Umschlag des *Treppenläufers* meine Kurzbiografie gelesen haben, dann erahnen Sie, in wie vielen verschiedenen Situationen ich mich bereits befunden habe, und kennen den Punkt, von dem ich losmarschiert bin.

Ich erwähne das deshalb, weil mir die Gedanken und Modelle, Techniken und Tipps, die ich hier beschrieben habe, meinen eigenen Weg erst ermöglicht haben. Ich weiß, wie diese Ansätze funktionieren und wie groß die Möglichkeiten sind, die sich auftun, wenn man dieses Wissen nutzt.

Als ich Ende der Siebzigerjahre nach dem Schulabbruch als Hilfsarbeiter am Bau landete, begann ich mit einer Technik, die heute wohl mein größtes Kapital darstellt – ganz bewusst mit meinen Vorstellungen zu spielen. Ich entwickelte Bilder, die wunderschön waren und im krassen Gegensatz zu meiner Realität standen. Irgendwann habe ich einen weiteren entscheidenden Schritt getan, als mir klar wurde, dass es auf Dauer nicht befriedigend ist, die tollen Geschichten nur im Kopf stattfinden zu lassen.

Ich begann hart daran zu arbeiten, meine Vorstellungen

Wirklichkeit werden zu lassen. Dabei war ich felsenfest davon überzeugt, dass ich es schaffen werde, solange ich nur mein Ziel am Horizont nicht aus den Augen verlieren würde. Es ging nicht immer alles glatt, ich musste manchmal Zweifel ausräumen, und es gab auch Enttäuschungen und Fehlschläge. Die großen Ziele aber, die ich mir nach und nach setzte, konnte ich mit Hilfe der *Treppenläufer*-Gedanken eines nach dem anderen erfolgreich realisieren. Und ich bekam richtig Lust darauf, Ziele zu erreichen, denn es macht unheimlichen Spaß, sagen zu können, *ja, so habe ich mir das vorgestellt!*

Dabei hat mir folgende Geschichte geholfen: Stellen Sie sich vor, eine Bank würde mit Ihnen Kontakt aufnehmen und Ihnen mitteilen, Sie hätten ab sofort ein Konto bei ihr. Nicht irgendein Konto, sondern ein ganz Besonderes. Sie brauchen auf dieses Konto nichts einzuzahlen. Das erledigt die Bank für Sie. Der Kontostand ist jeden Morgen gleich. Jeden Tag zu Geschäftsbeginn beträgt das Guthaben auf Ihrem Konto genau 86 400 Euro. Auf einen kleinen Haken des Kontos weisen Sie die Allgemeinen Geschäftsbedingungen dieser neuen Bank allerdings hin. Sie können das Geld nicht auf ein Sparbuch legen und ansparen. Zusätzlich wird Ihr Konto jeden Abend auf Null gelöscht. Das heißt, jener Betrag, der sich zu Geschäftsschluss noch auf dem Konto befindet, wird gelöscht. Sie können das Konto genau fünf Werktage lang nutzen. Was würden Sie tun?

Wahrscheinlich würde Sie an jedem dieser fünf Tage das Konto plündern und sich vieles kaufen. Vor allem Dinge, von denen Sie zuvor lange geträumt haben. Sie würden auch anderen Menschen helfen, die dieses großartige Konto nicht besitzen. Es würde wahrscheinlich schon zutreffen, dass Sie, sollten Sie jemals so ein Konto besitzen, dieses bis auf den letzten Cent nutzen würden.

Sie haben bereits ein derartiges Konto. Zwar nicht bei einer Bank, und es wird auch nicht in Euro geführt. Aber die Summe stimmt ganz genau, 86 400. Und das in einer Währung, die um ein Vielfaches wertvoller ist als Euro.

Die Währung lautet *Zeit*. Sie haben jeden Tag wieder die Chance, 86 400 Sekunden zu nutzen, um das zu erfüllen, wovon Sie träumen. Nehmen Sie diese großartige Chance wahr und investieren Sie gut. Es liegt an Ihnen, welchen Ertrag Ihre Zeit Ihnen bringt!

Bei der Umsetzung des *Treppenläufer-Gedankens* wünsche ich Ihnen viel Erfolg!

Literatur

Armstrong, Lance: Tour des Lebens. Lübbe Verlag. Bergisch Gladbach 2000.

Birkenbihl, Vera F.: Kommunikationstraining. 12. Auflage. mvg-Verlag, München, Landsberg am Lech 1992.

Birkenbihl, Vera F.: Erfolgstraining. 4. Auflage. mvg-Verlag. Landsberg am Lech 1992.

Birkenbihl, Vera F.: Stroh im Kopf. 18. Auflage. mvg-Verlag, München, Landsberg am Lech 1993.

Branden, Nathaniel: Die 6 Säulen des Selbstwertgefühls. 2. Auflage. mvg-Verlag. München, Landsberg am Lech 1997.

Covey, Stephen R.: Die sieben Wege zur Effektivität. 4. Auflage. Campus Verlag. Frankfurt/Main-New York 1994.

Csikszentmihalyi, Mihaly: Das Flow-Erlebnis. Jenseits von Angst und Langeweile: im Tun aufgehen. 5. Auflage. Klett-Cotta-Verlag, Donauwörth 1993.

Christiani, Alexander: Weck den Sieger in Dir. Gabler-Verlag. Wiesbaden 1997.

Heckhausen, Heinz: Motivation und Handeln. 2. Auflage. Springer-Verlag, Berlin, Heidelberg, New York 1988.

Herber, Hans-Jörg: Motivationsanalyse. Führungsprobleme aus psychologischer Sicht. 2. Auflage. Expert-Verlag, Renningen-Malmsheim 1998.

Hofmann, Eberhardt: Weniger Stress erleben. Luchterhand. Neuwied 2001.

Innauer, Toni: Der kritische Punkt. Edition Tau. Bad Sauerbrunn 1992.

Löhr, Jörg: Einfach mehr vom Leben. Südwest Verlag. München 2000.

Leonhard, George. Der längere Atem. 5. Auflage. Integral Verlag. Wessobrunn 1994.

Messner, Reinhold: Berge Versetzen. Das Credo eines Grenzgängers. BLV-Verlagsgesellschaft. München 1996.

Robbins, Anthony: Das Robbins Power Prinzip. 8. Auflage. Heyne Business. München 2000.

Roth, Gerhard: Fühlen, Denken, Handeln. Suhrkamp Verlag. Frankfurt am Main 2001.

Seligman, Martin: Pessimisten küsst man nicht. Knaur-Taschenbuch. München 1993.

Sennet, Richard: Der flexible Mensch. Die Kultur des neuen Kapitalismus. 4. Auflage. Berlin-Verlag, Berlin 1998.

Spencer Johnson: Die Mäuse-Strategie für Manager. 3. Auflage. Ariston. München 2000.

Stroebe, Rainer W./Stroebe Guntram H.: Motivation. 6. Auflage. Sauer-Verlag, Heidelberg 1994.

Watzlawick, Paul: Anleitung zum Unglücklichsein. 2. Auflage. dtv sachbuch. München 1993.

Zeyringer, Jörg: Motivation an österreichischen Arbeitsplätzen. Dissertation an der Universität Salzburg. 1999.

Weitere Titel aus dem Orell Füssli Verlag